... CARNET

de randonnées ...

Édition : BoD - Books on Demand, info@bod.fr

Impression : BoD - Books on Demand,
In de Tarpen 42, Norderstedt
(Allemagne)
Impression à la demande

ISBN: 978-2-3225-2592-8

Dépôt légal : juillet 2024

CARNET DE RANDONNÉES

22 randonnées

Entre 30 minutes pour les pressés qui ont envie de prendre l'air,
Et 2h45 pour les flâneurs qui veulent voir du paysage

De 2 kms pour se dégourdir les jambes,
À 9,5 kms pour se muscler les cuisses

En forêt, autour d'un lac, sur les chaumes, dans les rochers,
sur les sentiers, voici une sélection des randos qu'on aime
faire les dimanches après-midi pour prendre l'air,
voir du paysage, se dégourdir les cuisses
et se muscler les jambes 😉

Alex et Émilie

TRACÉ RELIVE®AVEC GRAPHIQUE ALTIMETRIQUE

TRACÉ DU PARCOURS AVEC INDICATIONS LÉGENDÉS

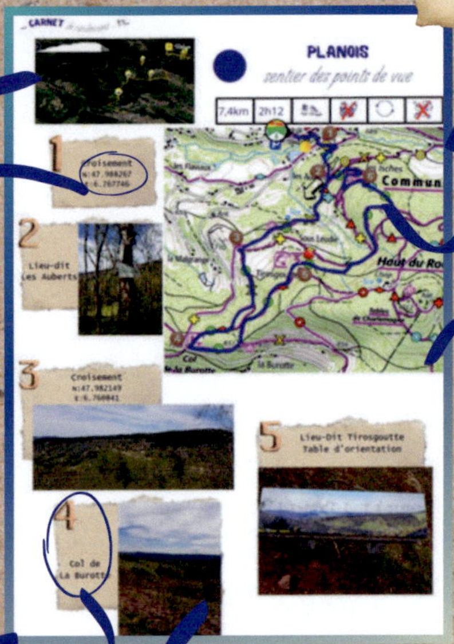

COORDONNÉES GPS DES INTERSECTIONS SANS POINT D'INTÉRÊT

INTERSECTION AVEC POINT D'INTÉRÊT

CARTE IGN

PHOTOS PRISES SUR LE PARCOURS

POUR CHAQUE PARCOURS UNE CARTE IGN AVEC LE TRACÉ EN BLEU, LE POINT DE DÉPART. LE SENS DE LA RANDO. LES INTERSECTIONS. LES FLÈCHES DE MONTÉES ET DESCENTES, MAIS AUSSI LES BANCS. TABLES DE PIC-NIQUE ET PRISES DE VUE.

DESCRIPTIF

Coordonnées point de départ : N:48.003662° E:6.849842°

Altitude au départ : 855m
Alt min: 855m / Alt max : 1012m

Ce parcours suit de balisage Anneau Rouge ○ puis Croix Jaune ✗.

Le point de départ se situe sur le parking du Col des basses feignes à proximité d'une auberge. Face à la vallée, prenez la route à gauche "route des basses feignes" bitumée jusqu'au gite devenant un chemin empierré jusqu'au prochain croisement.

Sur ce chemin vous pourrez admirer la vue sur la vallée de Cornimont à La Bresse et sur le Col du Brabant.

Croisement avec le chemin des Huttes: prenez la route bitumée sur votre gauche. Suivre balisage ○ "Col des basses feignes par le sentier de l'évêque".

Quittez le route bitumée pour emprunter le petit sentier sur votre droite (sentier de l'évêque ○)

Croisement de plusieurs sentiers. Continuez tout droit après avoir profité de la vue depuis le petit banc en granit. Plusieurs variantes:
→Retour au parking par le sentier de gauche: Attention très escarpé et pentu!
→Raccourci pour rejoindre le point de vue par le sentier de droite "de roches en roches". Montée difficile
Vue sur La Basse des Feignes

Après 200m laissez le sentier à gauche (retour parking) et continuez tout droit. Au bout du sentier vous croiserez un chemin gravillonné, montez sur 10m puis prenez le sentier ✗ sur votre droite jusqu'au point de vue.
Vue panoramique du Hohneck au Ballon d'Alsace.

Revenez sur vos pas pour reprendre le sentier ✗, passez à coté d'une tourbière sur 250m puis tournez à gauche pour rejoindre le col.

Au col de la Basse des Feignes, reprenez le chemin gravillonné jusqu'au parking. A mi-descente vous aurez le choix entre deux chemins qui mènent tous les deux à l'arrivée.

2

LÉGENDE:

Point le plus Haut👍

Point de départ

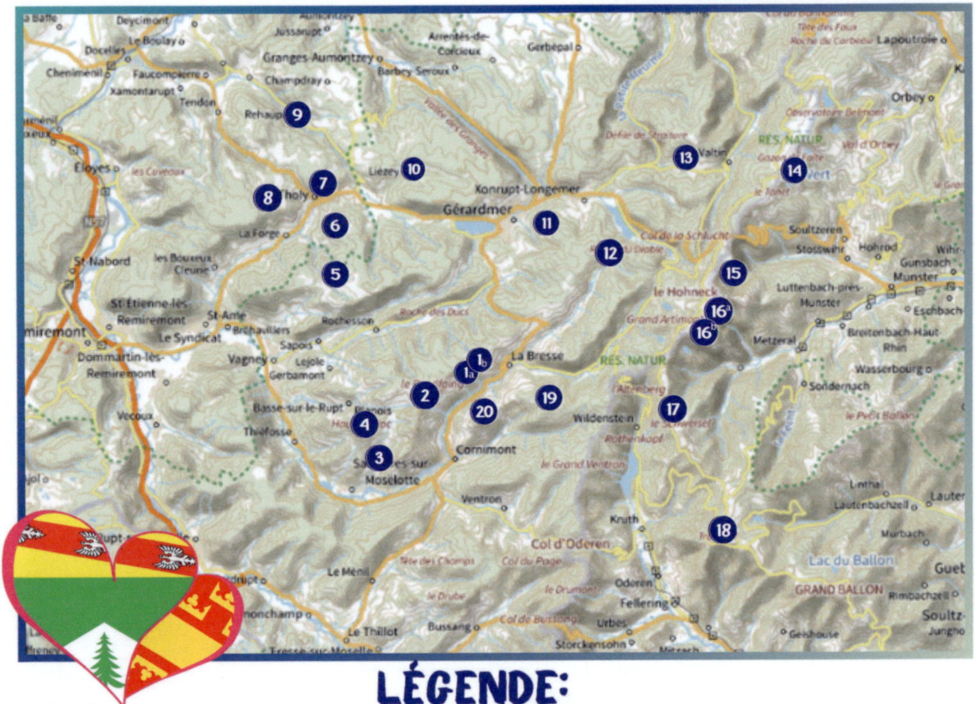

Trop facile 😃
Facile 🙂
Difficile 😟

Point le plus Bas👎

Points stratégiques

Sens de la marche

Ça grimpe😣

Y'a quelque chose à voir 🤩

Une petite pause s'impose😤

Ça descend🥳

Variantes 🤔

C'est quand qu'on mange? 😋

LA BRESSE, *Col des Basses Feignes*

LE COL DES FEIGNES
par le sentier de l'évêque

4,3km	1h10				

1 Vue sur le col du Brabant

2 Croisement Chemin des Huttes

3 Croisement Sentier de l'évêque

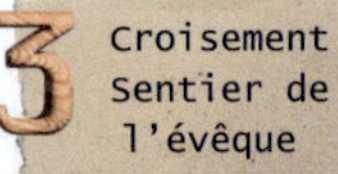

4 Petit banc en granit au croisement de plusieurs sentiers avec une vue sur "la Basse des Feignes"

5 Vue panoramique depuis le point de vue

6 Tourbière en contre-bas du point de vue

7 Col de la Basse des Feignes

...DESCRIPTIF...

Coordonnées point de départ: N:48.003774° E:6.848723°

Altitude au départ : 855m
Alt min: 855m / Alt max : 1012m

Ce parcours suit de balisage Anneau Rouge ⃝ puis Croix Jaune ✕.

Le point de départ se situe sur le parking de la Basse des Feignes à proximité d'une auberge. Face à la vallée, prenez la route à gauche: "route des basses feignes" bitumée jusqu'au gite devenant un chemin empierré jusqu'au prochain croisement.

Sur ce chemin vous pourrez admirer la vue sur la vallée de Cornimont à La Bresse et sur le Col du Brabant. **1**

2 Croisement avec le chemin des Huttes: prenez la route bitumée sur votre gauche (suivre balisage ⃝ "Col des basses feignes par le sentier de l'évêque")

3 Quittez le route bitumée pour emprunter le petit sentier sur votre droite (sentier de l'évêque ⃝)

4 Croisement de plusieurs sentiers. Continuez tout droit après avoir profité de la vue depuis le petit banc en granit.

Plusieurs variantes:

➥Retour au parking par le sentier de gauche: Attention très escarpé et pentu!

➥Raccourci pour rejoindre le point de vue par le sentier de droite "De roches en roches". Montée difficile

Vue sur La Basse des Feignes

Après 200m laissez le sentier à gauche (retour parking) et continuez tout droit.

Au bout du sentier vous croiserez un chemin gravillonné, montez sur 10m puis prenez le sentier ✕ sur votre droite jusqu'au point de vue **5**.

Vue panoramique du Hohneck au Ballon d'Alsace

Revenez sur vos pas pour reprendre le sentier ✕, passez à coté d'une tourbière **6** sur 250m puis tournez à gauche pour rejoindre le col.

7 Au col de la Basse des Feignes, reprenez le chemin gravillonné jusqu'au parking. A mi-descente vous aurez le choix entre deux chemins qui mènent tous les deux à l'arrivée.

Une Plante:

BOUILLON BLANC

ACTIONS:
ACTIVITÉS EXPECTORANTES,
ANTI-INFLAMMATOIRES,
APAISANTES ET ANTITUSSIVES

SOIGNE:
PROBLÈMES RESPIRATOIRES
COMME LA BRONCHITE, LA
BPCO, LA COQUELUCHE, LA
TOUX, L'ASTHME

UTILISATION:
EN TISANE

Une Recette:

INGRÉDIENTS

Pour 4 personnes
250 g de pâte feuilleté
Pour la farce
150 g d'échines de porc
150 g de noix de veau
6 g de sel fin
1 échalote et 1 oignon
5 cl de vin blanc
5 g de poivre
Pour la dorure: 1 jaune d'œuf
1 cuillère à soupe de lait

PÂTÉ LORRAIN

PRÉPARATION

Couper l'échine de porc et la noix de veau en petits dés. Hacher finement l'oignon et l'échalote et les ajouter dans le récipient contenant les viandes. Arroser de vin blanc. Ajouter le sel et le poivre. Bien mélanger. Couvrez le saladier et placez au réfrigérateur. Le lendemain, couper votre pâte feuilletée en un rectangle pour le disposer sur une plaque recouverte de papier cuisson. Égoutter la préparation afin d'ôter la marinade. Déposer cette préparation au centre de votre pâte dans la longueur. Rabattre les 4 côtés de la pâte sur la farce afin de bien enrober la viande. Avec le restant de pâte, découper un rectangle et le disposer sur le pâté lorrain. Préchauffer le four th.6 (180°C). Mélanger le jaune d'œuf et le lait. Badigeonner la pâte avec cette dorure. Enfournez 55 min.

A faire

LA MONTAGNE DES LAMAS

HÔTEL - RESTAURANT LE COUCHETAT

LA CONFISERIE BRESSAUDE

A voir

LA BRESSE, *Col des Basses Feignes*

... **CARNET** *de randonnées ...*

1b

DE LA BASSE DES FEIGNES
au col de Grosse Pierre

7,9 km	2h30			

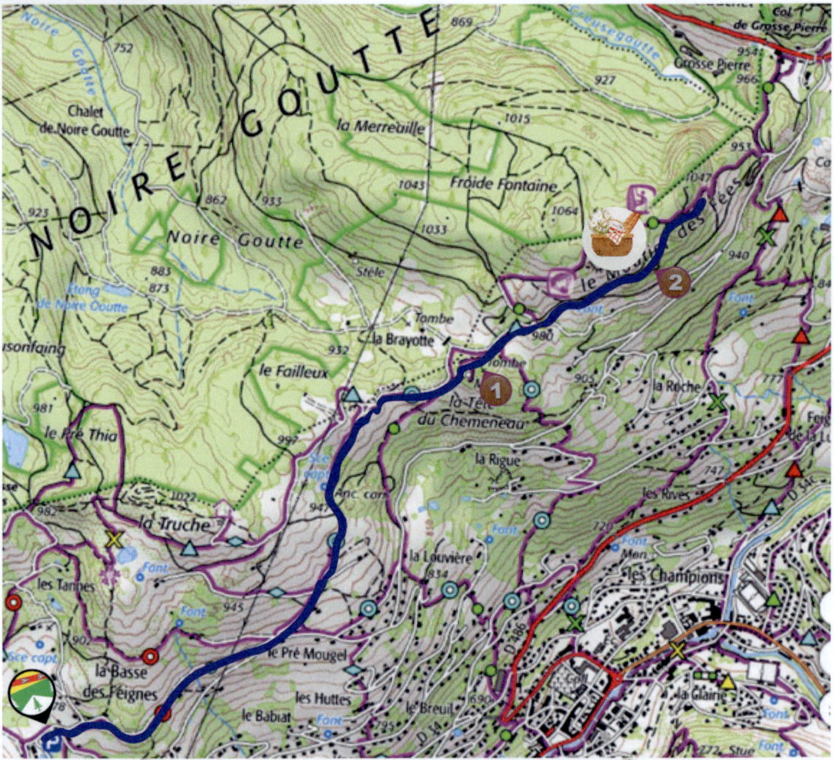

Monument du
maquis
de La Brayotte

Petit promontoire
rocheux avec vue
sur La Bresse
Une table de
pique nique
est accessible
mais il faut
grimper un peu
(pas accessible
en poussette)

...DESCRIPTIF...

Coordonnées point de départ: N:48.003774° E:6.848723°

Altitude au départ : 855m
Alt min: 855m / Alt max : ?m

Ce parcours suit de balisage Anneau Rouge ◯ puis Anneau Bleu ◯.
C'est un sentier aller-retour, vous pouvez faire demi tour ou cumuler avec d'autres parcours au gré de vos envies.

Le point de départ se situe sur le parking de la Basse des Feignes à proximité d'une auberge. Face à la vallée, prenez la route à gauche: "route des basses feignes" bitumée jusqu'au gite devenant un chemin empierré jusqu'au prochain croisement.

Sur ce chemin vous pourrez admirer la vue sur la vallée de Cornimont à La Bresse et sur le Col du Brabant.

1 Le monument du maquis de La Brayotte est accessible par le sentier qui continue tout droit mais vous pouvez le contourner en continuant le chemin sur votre gauche.

Depuis le maquis: belle vue sur la vallée de La Bresse.

2 Le moutier des fées: promontoire rocheux avec une table de pique-nique pour un repas ou un goûter suspendu dans les airs. Site non accessible en poussette, le sentier est escarpé mais il est possible de contourner en suivant le chemin par la gauche.

Vue panoramique du Hohneck au Ballon d'Alsace

Une Plante:

SUREAU

ACTIONS:
ANTI-INFLAMMATOIRES, ANTI-RHUMATISMALES ET ANTIVIRALES
DÉPURATIVE ET DIURÉTIQUE

SOIGNE:
PROBLÈMES DE PEAU TYPE ACNÉ,
LES MAUX DE L'HIVER, STIMULE
LE SYSTÈME IMMUNITAIRE

UTILISATION:
FLEURS: EN SIROP, EN TISANE, EN
BEIGNET
ATTENTION LES BAIES SONT
TOXIQUES

Une Recette:

SIROP DE SUREAU

INGRÉDIENTS

Environ 25 corymbes
(grappes de fleurs)
de sureau
1,2 L d'eau
2 citrons bio
1 kg de sucre

PRÉPARATION

Faire macérer les fleurs dans l'eau
avec les citrons coupés en tranches
pendant une nuit.
Le lendemain, filtrer et
ajouter le sucre.
Faire bouillir environ 20 min à petits
bouillons en écumant si nécessaire.
Verser le sirop bouillant dans des
bouteilles préalablement stérilisées.

A faire

GÎTE AU CHANT DE LA
SOURCE

MONUMENT DU MAQUIS
LA BRAYOTTE

L'ÉTABLE - RESTAURANT

A voir

BASSE SUR LE RUPT,

Pierre des 4 communes

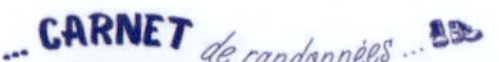

COL DE MENUFOSSE
à la pierre des 4 communes

6,5km	1h40				

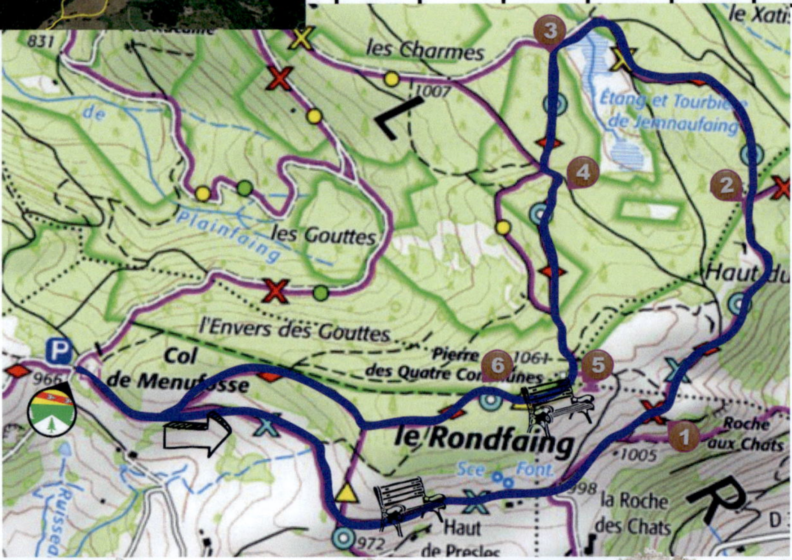

1  La Roche des Chats
alt: 1018m

2 Croisement
N:48.001398
E:6.830857

3 Etang de Jemnaufaing

4 Croisement
N:48.001901
E:6.823931

5 Pierre des 4 communes
Table d'orientation
alt: 1058m

6 Tourbière de Rondfaing

 Coordonnées point de départ: N: 47.997215° E: 6.807148°

Altitude au départ : 968m
Alt min: 968m / Alt max : 1058m

Ce parcours suit le balisage Croix bleu ✕ puis Losange rouge ◇ .
Une aire de pique-nique couverte vous accueille dès le départ.

Le point de départ se situe sur le parking du col de Menufosse. Prenez le sentier ✕ qui passe devant l'abri. Il longe la vallée de Cornimont.

1 Le sentier passe par le site de "La roche des Chats". Continuez à suivre le balisage ✕.

2 Croisement : quittez le sentier ✕ qui part sur votre droite et continuez tout droit sur le sentier ◇. Vous entrez dans la forêt.

3 Arrivée sur à l'étang de Gemnaufaing, longez le puis contournez le par la gauche. Au bout de l'étang, un panneau d'information vous donnera des informations sur cet étang et son rôle pendant les attaques de 39-45. Continuez sur le sentier ◇ à gauche.

4 Croisement : suivre le sentier ◇ qui monte sur votre gauche.

5 Pierre des 4 communes: vous y trouverez un banc pour admirer la vue. Table d'orientation

Continuez sur le sentier ◇ à droite du site. Vous entrez dans la forêt.

6 Arrivée à la Tourbière de Rondfaing. Panneau d'informations sur cette tourbière.

Continuez sur le sentier qui redescend pour rejoindre le début du parcours.

Une Plante:

AIL DES OURS

ACTIONS:
DETOX, HEPATO-PROTECTRICE,
QUANTITÉ NON NÉGLIGEABLE EN
VITAMINE C, ANTISEPTIQUE

BIENFAITS POUR:
ECZEMA, LE FOIE,
LA TENSION ARTÉRIELLE, RHUME

UTILISATION:
EN CUISINE, EN TISANE

INGRÉDIENTS :
Feuilles d'ail sauvage - 80g
Parmesan râpé - 80g
Pignons de pin - 30g- facultatif
3 c à s d'huile d'olive
Jus de citron - selon votre goût
Sel/poivre

PRÉPARATION
Lavez soigneusement les feuilles d'ail
et séchez-les en les tapotant.
Mixez l'ail, le parmesan, les pignons et
l'huile dans un mixeur jusqu'à ce que le
mélange soit lisse (ou les écraser à la
main avec un pilon et un mortier).
Ajoutez ensuite le jus de citron, salez et
poivrez selon votre goût. Ajoutez de
l'huile si vous préférez un pesto à la
consistance plus fluide.

À faire

LA CROIX DES MOINATS
MUSÉE EN PLEIN AIR

LA PIQUANTE PIERRE
MONUMENT DE MAQUIS

JARDIN DES PANRÉES

À voir

... CARNET
de randonnées ...
3
SAULXURES S/MOSELOTTE,
La Roche Fendue

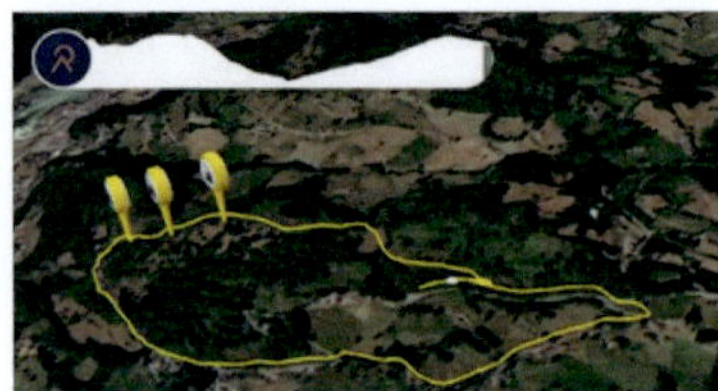

LA ROCHE FENDUE
de Saulxures

3,4km	1h				

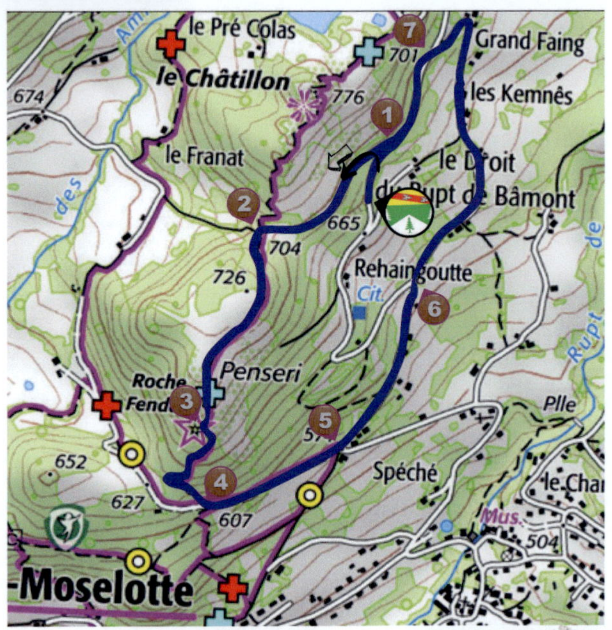

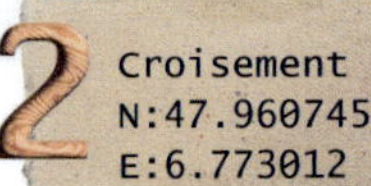

1 — Croisement 200m après le départ

2 — Croisement N:47.960745 E:6.773012

3 — Vue sur Cornimont et la vallée de Ventron depuis la Roche Fendue

4 — Croisement rue du Droit du Rupt de Bamont

1ères Jonquilles de la saison

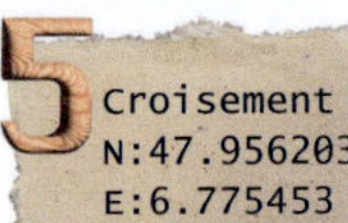

5 — Croisement N:47.956203 E:6.775453

6 — Croisement Chemin du Cuminal

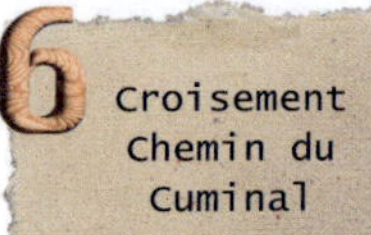

7 — Croisement rue du Droit du Rupt de Bamont

 Coordonnées point de départ: N: 47.961173° E: 6.776348°

 Altitude au départ : 668m
Alt min: 573m / Alt max : 722m

Ce parcours suit le balisage Croix Bleue ✚ puis la route du Droit du rupt de Bamont.

⚠ Attention: La partie du sentier entre la Roche Fendue et le croisement ④ est assez abrupt et glissant quand le sol est humide.

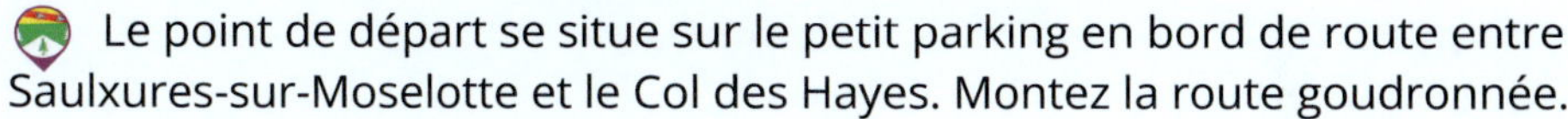

🏁 Le point de départ se situe sur le petit parking en bord de route entre Saulxures-sur-Moselotte et le Col des Hayes. Montez la route goudronnée.

① 200m après le départ, quittez la route goudronnée et prenez le sentier à gauche, direction La Roche Fendue.

② Au croisement de plusieurs sentiers : prenez le sentier balisage Croix Bleue ✚ sur votre gauche.

③ La Roche Fendue, altitude: 683m. Attention le sentier devient pentu. 🔭 Vue sur Saulxures et au fond la vallée de Ventron.

④ Arrivés en bas, quittez le sentier et prenez à gauche sur la route goudronnée.

⑤ Au croisement, prenez par la route goudronnée par la gauche.

⑥ Croisement: Prenez la rue de droite mais il est aussi possible de prendre celle de gauche qui raccourci un peu la balade.

⑦ Au croisement, redescendez la route goudronnée sur votre gauche jusqu'au parking.

Une Plante:

SAUGE

ACTIONS:
« QUI A DE LA SAUGE DANS SON JARDIN N'A PAS BESOIN DE MÉDECIN » DICTON PROVENÇAL

SOIGNE:
DIGESTION, RÈGLES DOULOUREUSES, TRANSPIRATION EXCESSIVE, MÉNOPAUSE

UTILISATION:
FUMIGATION, HUILE ESSENTIELLE, INFUSION

Une Recette:

INGRÉDIENTS
Pour 6 personnes
1 Munster
15 Pommes de terre
200 g Lardons
20 cl Vin blanc
25 cl Crème fraîche
2 Oignons
1 c à c Persil haché
1 pincée de Sel et poivre

PRÉPARATION
Préchauffer le four à 200°C.
Eplucher et couper les pommes de terre en tranches de 1 cm d'épaisseur environ.
Faire cuire les pommes de terre au cuit-vapeur une dizaine de minutes.
Faire revenir à la poêle les lardons avec les oignons. Mélanger la crème fraîche, le vin blanc, le sel et le poivre dans un bol.
Disposer une première couche de pommes de terre dans un plat à gratin. Mettre sur les pommes de terre la moitié du mélange lardons-oignons. Ajouter le reste de pommes de terre et verser le reste des lardons-oignons.
Verser le mélange crème fraîche sur le gratin.
Couper en lamelles le Munster. Disposer les lamelles de Munster sur le gratin.
Faire cuire 25 min.
Une fois le Munster fondu, sortir le plat du four et parsemer de persil haché.
Servir avec quelques pousses de roquette

A faire

MUSÉE DU BOIS DE SAULXURES-SUR-MOSELOTTE

BASE DE LOISIRS DU LAC DE LA MOSELOTTE

A voir

BASSE SUR LE RUPT,
sentier des points de vue

PLANOIS
sentier des points de vue

7,4km	2h12				

1
Croisement
N:47.988267
E:6.767746

2
Lieu-dit
Les Auberts

3
Croisement
N:47.982149
E:6.760841

4
Col de
La Burotte

5
Lieu-Dit Tirosgoutte
Table d'orientation

Coordonnées point de départ: N: 47.988792° E: 6.765834°

Altitude au départ : 648m
Alt min: 643m / Alt max : 876m

Ce parcours suit le balisage Rond Vert ⬡.
A chaque lieu-dit, un banc ou une table de pic-nic vous attend.

Le point de départ se situe sur le parking de l'église. Traversez la route et prenez la rue sous l'auberge (direction La Burotte).

1 Prenez le sentier ⬡ sur votre gauche jusqu'au calvaire puis tournez à droite sur la route goudronnée. Après 130m sur cette route, un tilleul centenaire, prenez le sentier face à lui.

2 Lieu-dit "Les Auberts": A partir de là, le circuit va suivre le balisage Rond Vert ⬡. Prenez le sentier par la droite (mais il est possible de l'emprunter dans les 2 sens)

3 Après le lieu-dit "Sous Leudie", prenez le chemin ⬡ à gauche.
Banc pour admirer la vue
Dans la forêt, le chemin se dédouble. prenez à droite pour un petit sentier mais vous pouvez aussi rester sur le chemin, les 2 se rejoingnent 200m plus loin.

4 Col de la Burotte: Le sentier ⬡ part sur la gauche.
Aire de pic-nic.

5 Lieu-dit "Tirosgoutte": vue sur Planois et Vagney.
Table d'orientation

6 Lieu-dit "Les Isches". Le sentier ⬡ descend fortement.
Aire de pic-nic.

Une Plante:

CYNORRHODON

<u>VITAMINES ANTIOXYDANTES</u>: VIT A, C ET E
SA TENEUR EN VITAMINE C NATURELLE DU
CYNORRHODON EST 10 À 100 FOIS
SUPÉRIEUR À CELUI D'UN AGRUME.
<u>MINÉRAUX & OLIGOÉLÉMENTS</u>: CALCIUM,
PHOSPHORE, MAGNÉSIUM, SOUFRE, ZINC, FER
<u>ACIDES GRAS ESSENTIELS</u>: OMÉGA 3 ET 6

IDÉAL POUR TOUTE LA FAMILLE, LE
CYNORRHODON EST APPRÉCIÉ EN
NATUROPATHIE POUR SES EFFETS TONIQUES.
AU QUOTIDIEN, IL STIMULE LES DÉFENSES
IMMUNITAIRES ET PARTICIPE ÉGALEMENT À
RENFORCER LA PEAU, LES ONGLES ET LES
CHEVEUX.

UTILISATION:
CONFITURE, TISANE

Une Recette:

CONFITURE DE CYNORRHODON

INGRÉDIENTS

4 personnes
500 g de sucre cristal
1,5 kg de baie d'églantier
1 citron jus

PRÉPARATION

Lavez et ébouillantez vos pots à confiture
ainsi que les capsules.
Lavez et triez les cynorrhodons (baies).
Enlevez la partie noire à l'extrémité des
baies ainsi que les queues s'il y en a.
Mettez les baies dans une grande casserole.
Couvrir d'eau 4 cm plus haut que les baies.
Faites cuire pendant 2 heures.
Laissez un peu refroidir et mixez avec un
mixeur plongeant. Passez la bouillie obtenue
au moulin à légumes avec la grille fine afin
de retirer tous les pépins (procédez par
petite quantité, et retirez les pépins au fur et
à mesure. Si la bouillie est vraiment trop
épaisse, ajoutez un peu d'eau).
Pesez la pulpe obtenue et mettez-la dans
votre marmite. Faites bouillir et ajoutez le
sucre et le jus de citron.
Faites cuire entre 5 et 10 mn.
Pour savoir si le temps de cuisson est bon,
placez une assiette au réfrigérateur et
versez dessus une goute de confiture. Si elle
ne coule pas, la confiture est cuite.
Versez dans vos pots à confiture et fermez
avec la capsule. Retournez les tête en bas.
Votre confiture sera prête à déguster au
bout de 2 à 3 jours.

A faire

ATELIER DE PLANOIS
JOUET EN BOIS

AUBERGE DU HAUT DU ROC

A voir

LE HAUT DU TOT,

Cascade de la pissoire

5

6,2km	2h10	👢	🚫❄	🔄	🚫🛒

LE HAUT DU TOT
Cascade de la Pissoire

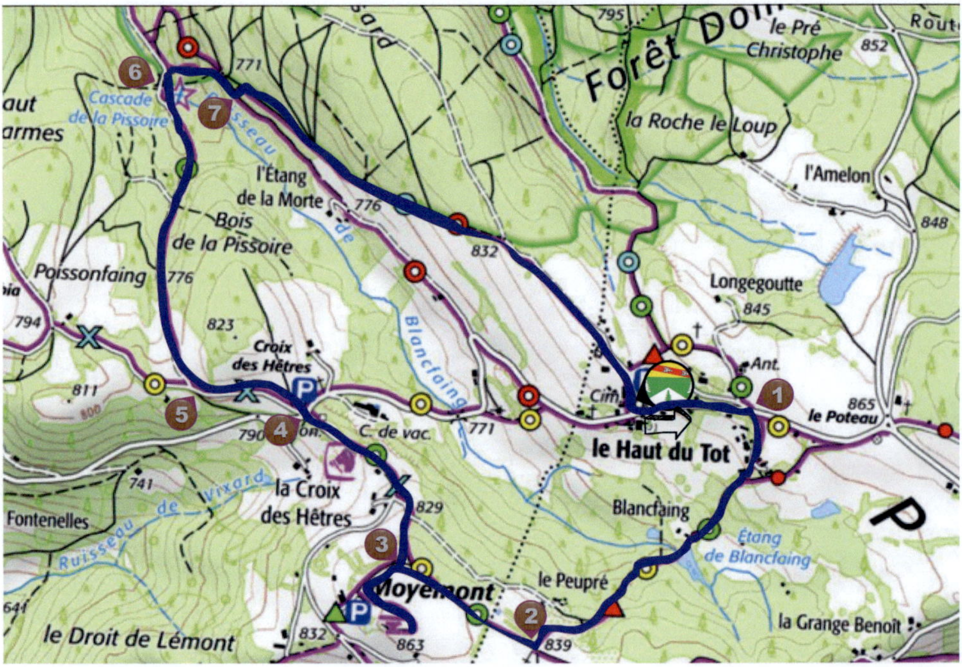

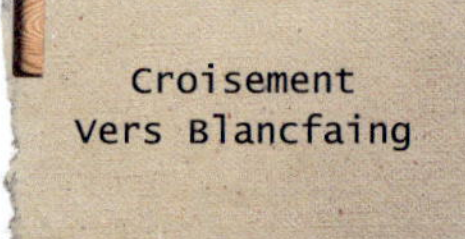

1 Croisement
Vers Blancfaing

2 Croisement
Croix de l'an 2000

3 Sommet de Moyemont
Alt: 863m

4 Croisement
La croix des Hêtres

6 Cascade de la pissoire

7 Croisement
N:48.049879
E:6.748067

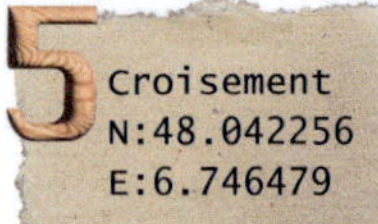

5 Croisement
N:48.042256
E:6.746479

... DESCRIPTIF ...

📍 Coordonnées point de départ: N: 48.042053° E: 6.763483°

Altitude au départ : 834m
Alt min: 727m / Alt max : 863m

Ce parcours débute dans le village le plus haut des Vosges.
Il suit le balisage Anneau Bleu ◯ puis Anneau Rouge ◯ après la cascade.

⚠️ Le sentier entre la cascade de la pissoire et ❼ est assez abrupt et rocailleux.

Le point de départ se situe sur le parking de l'église. Remontez la route du Haut du Tôt (rue principale)

❶ A la sortie du village, prendre le chemin de Blancfaing à droite. La route goudronnée s'arrête et devient un petit sentier qui descend jusqu'à l'étang de Blancfaing. Vous arrivez sur le sentier de la photo, chaque année un thème et une expo photo en pleine forêt. Prenez ce sentier par la droite.

❷ Croisement de la croix de l'an 2000. Prenez le sentier à droite.

❸ Vous pouvez faire un crochet jusqu'au sommet de Moyemont, la vue vaut le coup!
Table d'orientation et vue sur la vallée de Remiremont à Vagney

Revenez sur vos pas et prenez la route goudronnée vers la croix des hêtres.

❹ La croix des hêtres: traversez la route et prenez le chemin gravillonné à gauche.

❺ Après 350m sur ce large chemin, prenez la route forestière sur votre droite, direction cascade de la pissoire.

❻ Arrivée à la cascade, prenez le sentier qui grimpe fortement sur le coté gauche de la cascade. C'est le moment un peu compliqué de ce parcours.

❼ En pleine forêt, bifurcation sur votre gauche sur un petit sentit qui remonte jusqu'au carrefour du grisard puis vous suivez le chemin qui vous ramènera jusqu'au parking.

Une Plante:

ACHILLÉE MILLEFEUILLE

ACTIONS:
STIMULANTES ET ANTISPASMODIQUES
ANTI INFLAMMATOIRE

SOIGNE:
PERTES D'APPÉTIT, LES MAUX
D'ESTOMAC ET LES CRAMPES
PELVIENNES CHEZ LES FEMMES.

UTILISATION:
INFUSION

Une Recette:

SALADE VOSGIENNE

pour 4 personnes
½ pied de salade
4 tranches de lard fumé
coupées fines
2 œufs
4 rondelles de pains
4 petite tranches de munster
2 cuillères de crème
vinaigrette
Ciboulette
Persil

PRÉPARATION

Eplucher et couper la salade, laver,
ajouter l'échalote, les herbes.
Griller les tranches de lard.
Cuire les œufs de caille au plat, déposer
le munster sur les croûtons et chauffer
au four.
Couper le filet de truites en 4
morceaux.
Mélanger la salade et la vinaigrette, sel
et poivre.
Reporter sur 4 assiettes, ajoutez ½
cuillère de crème, les tranches de lard,
œuf , et croûtons de munster.
Servir aussitôt.

A faire

LES JARDINS
DE BERNADETTE
PRODUCTION BIO

CAFÉ GEGOUT

RESTAURANT LES
MÉNESTRELS

A voir

LE THOLY, La Roche du Blaireau

LA ROCHE DU BLAIREAU
de Bouvacôte

| 3km | 1h | 👢 | 🚫 | 🔄 | 🚫 |

1
Table d'orientation
et banc
Vue sur Le Tholy
Alt: 770m

2
La Roche du
Blaireau
Alt: 812m

3
Croisement
N:48.064267
E:6.762190

4
Croisement
N:48.067660
E:6.760042

5
Croisement
N:48.071248
E:6.756478

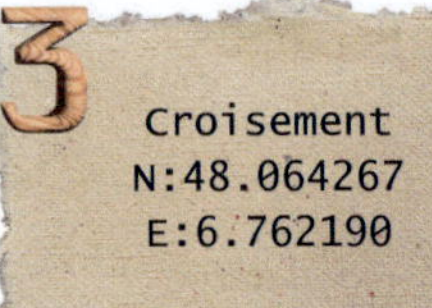

29

 Coordonnées point de départ: N: 48.072977° E: 6.752572°

 Altitude au départ : 675m
Alt min: 675m / Alt max : 815m

Ce parcours suit le balisage Anneau Rouge ○.
Une table d'orientation et un banc vous permettrons d'admirer la vue.

Le point de départ se situe dans un grand virage. Vous avez la possibilité de vous garez dans ce lacet.

1 Après avoir montez sur 600m le sentier, vous pourrez admirer la vue depuis un banc.
Vue sur Le Tholy et table d'orientation.

2 Il faut quitter le sentier pour voir la Roche du Blaireau de plus près puis revenir sur vos pas. Le sentier bifurque à gauche quelques mètres après.

3 Croisement: prenez le chemin sur votre gauche.

4 Croisement : continuer tout droit.

5 Croisement: Prenez à gauche par la route goudronnée.

Une Recette:

Une Plante:

<u>SAPIN</u>

ACTIONS:
ANTISEPTIQUE PULMONAIRE ET EXPECTORANT, ANTI-INFLAMMATOIRE

SOIGNE:
AFFECTIONS DES VOIES RESPIRATOIRES, BRONCHITE, INTESTINS: MEILLEURE ASSIMILATION DES NUTRIMENTS.

UTILISATION:
HUILE ESSENTIELLE, TISANE, SIROP.

INGRÉDIENTS
2 pâte feuilletée
150 g pesto (ou caviar d'aubergine, sauce tomate assaisonnée..)
1 jaune d'œuf
2 c à s de lait
2 c à s graines de lin

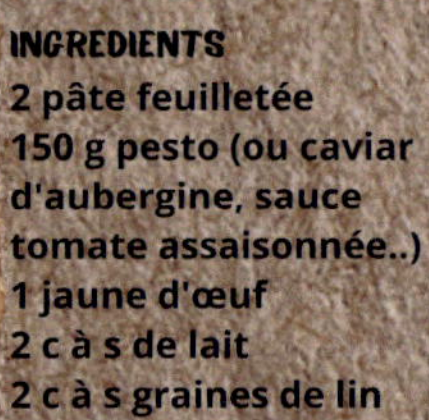

SAPIN-APERO

PRÉPARATION

Préchauffez votre four à 180°C. Etalez une première pâte feuilletée et garnissez-la de votre préparation. Recouvrez avec la deuxième pâte feuilletée. Marquez le tronc du sapin du dos du couteau puis découpez en triangle. Coupez les branches d'une largeur de 1cm
Récupérez les chutes pour faire une étoile et collez-la avec un peu d'eau en haut du sapin. Badigeonnez le tout avec le jaune d'œuf délayé dans le lait parsemez de graines puis torsadez les branches.
Enfournez pour 20 min et servez dès la sortie du four.

A faire

ATELIER DE VITRAIL
ISA.B

LA MAISON DU MUNSTER

RESTAURANT
AU CHANT DU BOIS

A voir

7

LE THOLY,
Tour du Petit Tholy

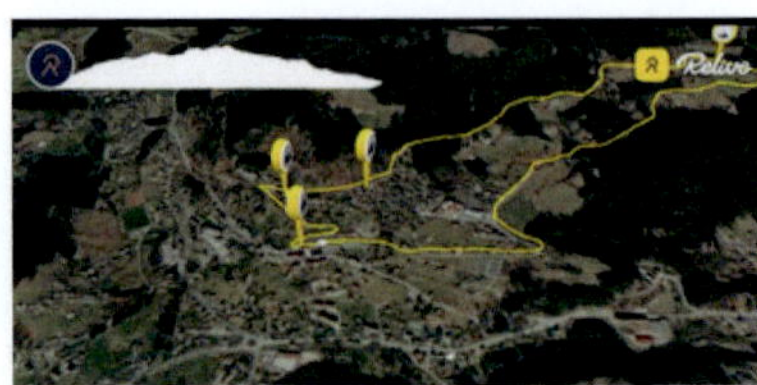

LE TOUR
du Petit Tholy

5,7km	1h20				

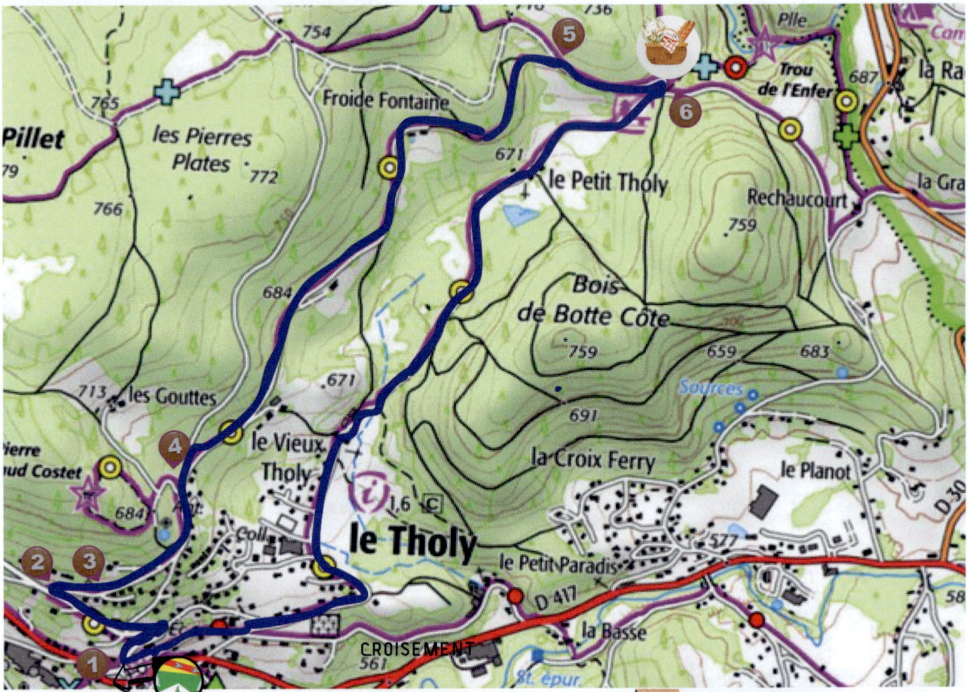

1 Croisement au niveau de l'église

2 Croisement route de la chapelle

3 Chapelle Notre-Dame (ouverte les dimanche en juillet et août)

4 Croisement (variante vers pierre Chaud Costet)

Vue sur Gerardmer et le Hohneck

5 Croisement
N: 48.096924
E: 6.758082

6 Croisement (variante trou de l'enfer)

Tables de pic-nic

33

📍 Coordonnées point de départ: N: 48.083168° E: 6.744435°

Altitude au départ : 603m
Alt min: 603m / Alt max : 700m

Ce parcours suit le balisage Anneau Jaune ⭕.
Il peut être rallongé afin de découvrir deux autres sites, la Pierre du chaud Costet et le trou de l'enfer. Il faudra compter 2km en plus et le parcours ne sera plus accessible aux poussettes. Le niveau de difficulté sera augmenté car la descente au trou de l'enfer est très escarpée.

🏕 Le point de départ se situe sur le parking derrière l'église.

1 Passez sur le côté de l'église et montez la première rue à droite.

2 Après avoir monté 400m, tournez à droite, route de la chapelle.

3 Chapelle Notre-Dame et son chapeau pointu. Elle est ouverte tous les dimanches de Juillet et Août et le 15 Août.

4 Croisement. Continuez tout droit en suivant le panneau "potier en grès"
Variante : vers la Pierre du Chaud Costet, sentier ⭕ à gauche.
🔭 Vue: Gerardmer, coteau de la Mauselaine et en arrière plan, le. sommet du Hohneck

5 Croisement: Prenez le chemin à gauche

6 Croisement: Prenez la route goudronnée à droite.
Variante: descente au Trou de l'Enfer ⚠ le sentier est très pentu
🧺 Aire de pic-nic.

Une Plante:

BOULEAU

ACTIONS:
ACTIVITÉS EXPECTORANTES,
ANTI-INFLAMMATOIRES,
APAISANTES ET ANTITUSSIVES

SOIGNE:
PROBLÈMES RESPIRATOIRES
COMME LA BRONCHITE, LA
BPCO, LA COQUELUCHE, LA
TOUX, L'ASTHME

UTILISATION:
EN TISANE

Une Recette:

> **SÈVE DE BOULEAU**

MATÉRIEL:
perceuse
paille
contenant avec bouchon

QUAND?
à la fin de l'hiver, avant que les premières feuilles de l'arbre apparaissent.

COMMENT?
Faites un trou d'environ 2 à 3 cm, de biseau, vers le sol, à l'aide d'une perceuse, d'une chignole ou d'une vrille. Accrochez ensuite une bouteille propre au tronc, quelques centimètres en dessous du trou percé (à l'aide d'un crochet planté dans l'écorce ou d'une ficelle enroulée autour du tronc). Insérez une petite branche ou une paille au niveau du trou, pour permettre à la sève de couler directement dans la bouteille.

À faire

LE VOSGIEN GIVRÉ

POTHIER-GRÈS

LA FERME DU
BIEN-ÊTRE

À voir

8

LE THOLY,

Tour de Bonnefontaine

LE TOUR
du Bonne Fontaine

5,2km	1h10				

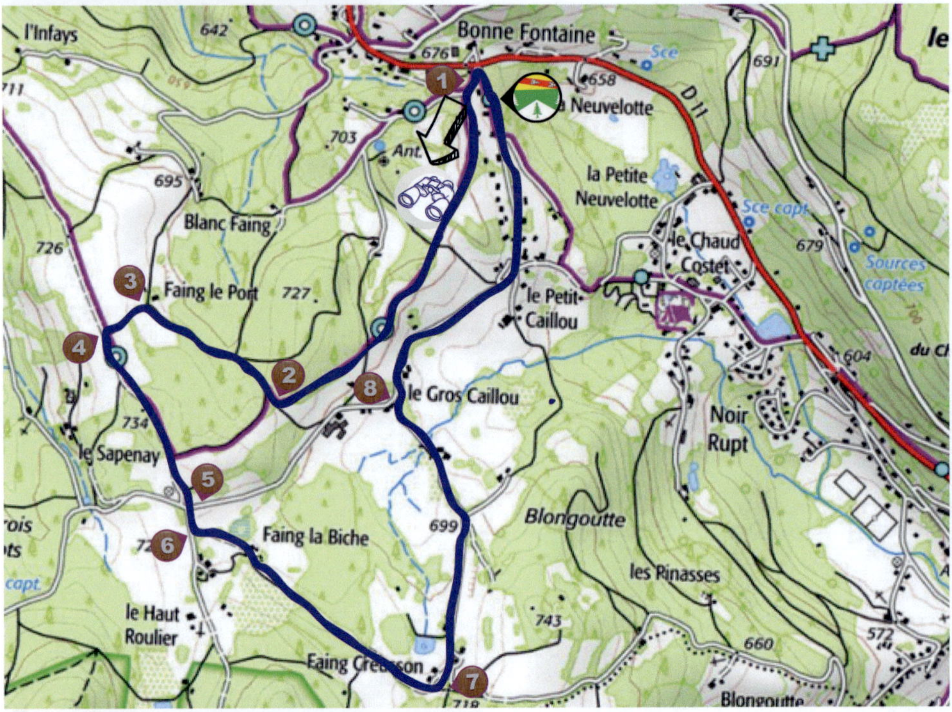

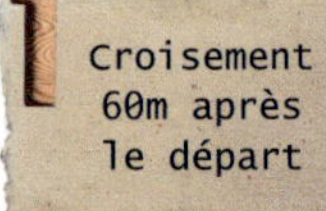

1 Croisement 60m après le départ

Vue sur Gerardmer et le Hohneck

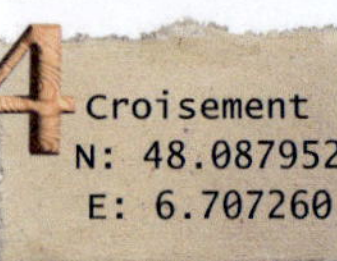

2 Croisement
N: 48.086370
E: 6.713405

3 Croisement
N: 48.088663
E: 6.708805

4 Croisement
N: 48.087952
E: 6.707260

5 Croisement
route Faing
de la Biche

6 Croisement
N: 48.083044
E: 6.710522

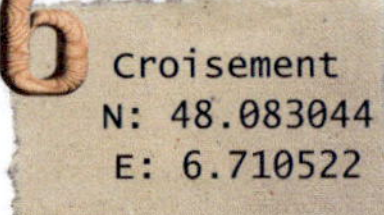

7 Croisement
N: 48.079510
E: 6.719909

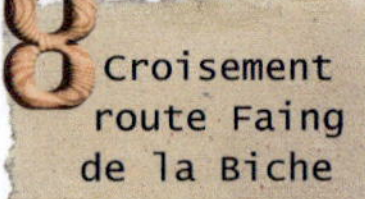

8 Croisement
route Faing
de la Biche

📍 Coordonnées point de départ: N: 48.093869° E: 6.721062°

Altitude au départ : 676m
Alt min: 676m / Alt max : 730m

Le début de ce parcours suit le balisage Anneau Bleu ○ .

🏕 Le point de départ se situe sur le parking le long de la route. Prenez à droite en sortant du parking.

1 60m après le départ montez la rue à gauche.

🔭 Depuis le sentier vous pourrez admirer la vue sur la vallée du Tholy juqu'à Gerardmer et le sommet du Hohneck.

2 Après avoir longé le bois, prenez le sentier qui entre dans la forêt.

3 A la sortie du bois, au niveau d'un bâtiment agricole prenez le sentier à gauche.

4 Croisement. Prenez à gauche sur le chemin.

5 Croisement: Traversez la route et allez tout droit sur 50m puis prenez la rue à gauche **6** .

7 Croisement: Prenez à gauche sur la route goudronnée.

8 Croisement: Prenez à droite sur la route du Faing de la Biche.

Une Plante:

CAROTTE SAUVAGE

ACTIONS:
ANTIOXYDANT, ANTI-INFLAMMATOIRE, ANTIBACTÉRIEN ET ANTIFONGIQUE.

SOIGNE:
ÉPURATION HÉPATO-RÉNALE, SÉCHERESSE DE LA PEAU, RÉDUIT L'APPARENCE DES RIDES

UTILISATION:
HYDROLAT, HUILE ESSENTIELLE

INGREDIENTS:

1kg Pommes de terre à chair ferme
700g Oignons
1 Blanc de poireau
100g Graisse d'oie
200g Lardons fumés
Sel/Poivre

TOFAILLE

PREPARATION:

Pelez et coupez les pommes de terre en rondelles de 3 mm d'épaisseur. Pelez et émincez les oignons. Fendez le blanc de poireau, rincez, égouttez et émincez-le.
Faites chauffer 50 g de graisse d'oie dans une cocotte et faites fondre les oignons et le blanc de poireau 10 min sur feu doux. Retirez et réservez. Remplacez-les par les pommes de terre. Faites-les revenir 10 min sans coloration dans le reste de graisse d'oie. Salez, poivrez. Retirez et réservez la moitié des pommes de terre.
Recouvrez les pommes de terre restantes dans la cocotte des oignons et du poireau. Eparpillez les lardons. Recouvrez des pommes de terre réservées. Couvrez. Laissez cuire 1 h 30 sur feu très doux.
En fin de cuisson, écrasez légèrement les pommes de terre avec l'écumoire. Servez la tofaille bien chaude dans la cocotte.

À faire

LA FERME BIO DU FAING LA BICHE

HOTEL DE LA GRANDE CASCADE-RESTAURANT O'CREUX GOURMAND

CASCADES DE TENDON

À voir

REHAUPAL,
Entre Rehaupal et Champdray

ENTRE REHAUPAL
et Champdray

8,4km	2h				

0	Croisement N: 48.121515 E: 6.745903 LIEU-DIT "LES SPAXES"

1	Croisement N: 48.123712 E: 6.739100 LIEU-DIT "VACHAMP"

2	Croisement Route de Laveline du Houx

3	Champdray, Croisement N: 48.135387 E: 6.748339

4	Croisement Rue du village

5	Croisement vers le Breuil

6	Croisement N: 48.127908 E: 6.755962

7	Croisement vers Varinfête N: 48.120391 E: 6.755053

8	Varinfête, Croisement N: 48.115364 E: 6.750805

9	Rehaupal, Croisement D30

📍 Coordonnées point de départ: N: 48.119792° E: 6.731281°

Altitude au départ : 504m
Alt min: 504m / Alt max : 727m

Le parcours suit le balisage Croix Rouge +, puis Croix Verte + et enfin Triangle Bleu △ .

🏞 Le point de départ se situe sur le parking devant l'église. Prenez à droite en sortant du parking direction chemin des spaxes.

0 Au croisement sous la ferme prenez à à gauche, direction Le Vachamp puis continuez tout droit jusqu'au lieu dit.

1 Au niveau de la maison, prenez le sentier + à droite.

2 Au croisement avec la route du Laveline du Houx, prenez à droite sur la route goudronnée. Vous entrez à Champdray.

3 Au premier croisement, prenez à droite vers le centre du village.

4 Au niveau de l'église, remontez la rue à droite.

5 100m après la sortie du village, prenez la route goudronnée sur votre droite, direction Le Breuil.

6 Après les maisons, quittez la route goudronnée et prenez le chemin à gauche.

7 A la sortie du bois, prenez la route goudronnée, tout droit en direction de Varinfête.

8 Dans le village, au premier croisement prenez la route à droite qui deviendra un sentier △ à la sortie du village. Suivez ce sentier jusqu'à Rehaupal.

9 A la fin du sentier, reprenez la rue principale du village jusqu'au parking.

Une Plante:

CHARDON MARIE

ACTIONS:
HÉPATO-PROTECTEUR

SOIGNE:
DÉTOXIFIE LE FOIE APRÈS
INTOXICATION, CHIMIO,
TRAITEMENTS LOURDS.

UTILISATION:
EN COMPLÉMENTS
ALIMENTAIRES

INGRÉDIENTS

4 Pommes de terre
2 Œufs
1 c. à c de farine
Huile
Sel poivre

RAPÉS VOSGIENS

PRÉPARATION

Préparez un grand saladier. Râpez-y les pommes de terre que vous aurez préalablement lavées et épluchées, à l'aide d'une râpe à fromage ou d'un robot de cuisine. Ajoutez ensuite les œufs entiers et la farine. Mélangez bien le tout afin que tous les ingrédients soient uniformément répartis.
Avec cette préparation, préparez des galettes de la taille qui vous convient. Huilez une poêle anti-adhésive et, une fois celle-ci bien chaude, placez-y vos galettes de râpé de pommes de terre.
Retournez-les à mi-cuisson pour cuire les deux côtés puis salez et poivrez à votre convenance.
Dégustez votre râpé de pommes de terre seul ou avec une salade verte

A faire

RESTAURANT LA TABLE
DU HAUT JARDIN

BISCUITERIE
DES VOSGES

CHÂTEAU DE SAINT-
JEAN-DU-MARCHÉ

A voir

10

LIEZEY,

Sentier des écoliers

LIEZEY
le sentier des écoliers

4,5km	1h				

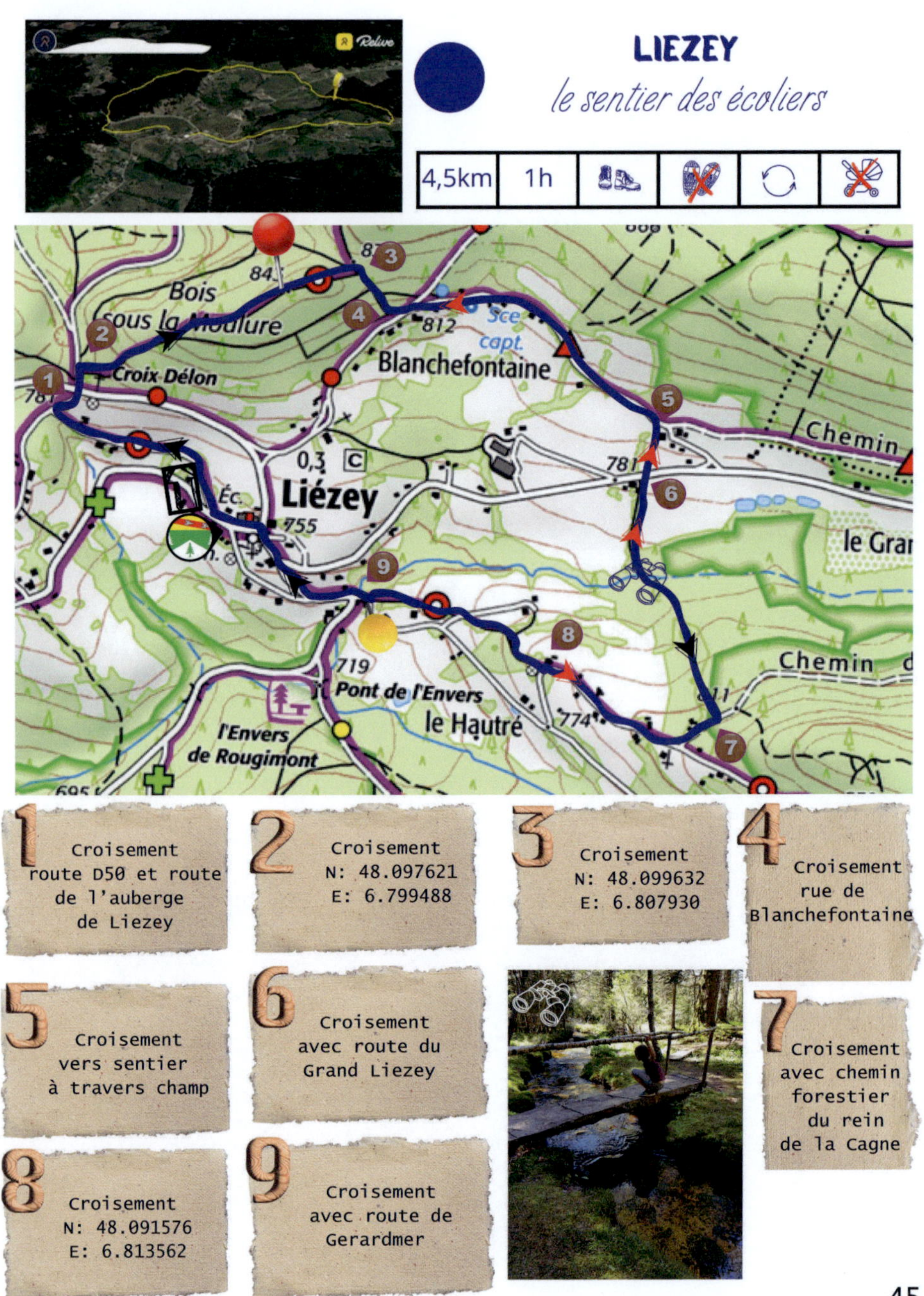

1 Croisement route D50 et route de l'auberge de Liezey

2 Croisement
N: 48.097621
E: 6.799488

3 Croisement
N: 48.099632
E: 6.807930

4 Croisement rue de Blanchefontaine

5 Croisement vers sentier à travers champ

6 Croisement avec route du Grand Liezey

7 Croisement avec chemin forestier du rein de la Cagne

8 Croisement
N: 48.091576
E: 6.813562

9 Croisement avec route de Gerardmer

Coordonnées point de départ: N: 48.094544° E: 6.803735°

Altitude au départ : 752m
Alt min: 736m / Alt max : 841m

Le parcours suit le balisage Rond Rouge ◯ ou le balisage "sentier des écoliers".

Le point de départ se situe sur le parking devant l'église. Montez la rue de Saucefaing en face du parking.

1 En haut de la rue, prenez à droite puis traverser la D50. Prenez le chemin forestier.

2 Après 50m, prenez le sentier à droite.

3 Après 700m, au croisement, prenez à droite en direction du village.

4 A la sortie du bois, prenez à gauche sur la route de Blanchefontaine.

5 Après 600m, quittez la route goudronnée et prenez à droite, le sentier traverse un champ.

6 Traversez la route goudronnée, le sentier longe la maison de l'autre coté de la rue.

 Traversée du ruisseau de Liezey

7 Après avoir remonté sur 400m le sentier, prenez à droite en direction du village.

8 300m plus bas, quittez la rue du Hautré et descendez tout droit sur le sentier.

9 A la fin du sentier, reprenez la rue principale du village jusqu'au parking.

Une Recette:

Une Plante:

MYRTILLES

DANS LES VOSGES SONT NOM C'EST
LA BRIMBELLE.
RÈGLES DE CUEILLETTE :
LA SAISON DE LA CUEILLETTE S'ÉTEND
DE MI-JUILLET À MI-AOÛT.
NE SOYEZ PAS TROP GOURMANDS:
VOUS AVEZ LE DROIT DE RÉCOLTER AU
MAX 2 KG/JOUR/PERSONNE
LA CUEILLETTE AU PEIGNE EST
FORMELLEMENT INTERDITE DANS LES
HAUTES VOSGES
NE RAMASSEZ QUE LES BAIES MÛRES
FAITES ATTENTION AUX BAIES QUE VOUS
GOÛTEZ: PRÉFÉREZ ALORS LES BAIES EN
HAUTEUR, QUI N'AURAIENT PU ÊTRE
SOUILLÉES PAR LES ANIMAUX SAUVAGES

INGRÉDIENTS

Pâte feuilleté
500g myrtilles
75g sucre
3 càs de sucre glace
Poudre d'amande
1 jaune d'oeuf

TARTE AUX MYRTILLES

PRÉPARATION

(Si les myrtilles sauvages sont congelées, pensez à les sortir un peu avant). Dans un plat, saupoudrer les myrtilles sauvages avec les 50g de sucre pour qu'elles dégorgent. Préchauffez le four à 180° saupoudrez la poudre d'amande sur le fond de tarte (pour absorber l'excédent de jus de myrtille). Etalez les myrtilles sur la pâte est saupoudrez de sucre glace. Enfournez 20 à 30 min
Vous pouvez la déguster avec une boule de glace vanille.

A faire

AUBERGE DE LIÉZEY

AUBERGE LE RELAIS DES BÛCHERONS

JARDIN DE BERCHIGRANGES

MAISON DES ARTISANS

A voir

11

GERARDMER, *Tête de Grouvelin*

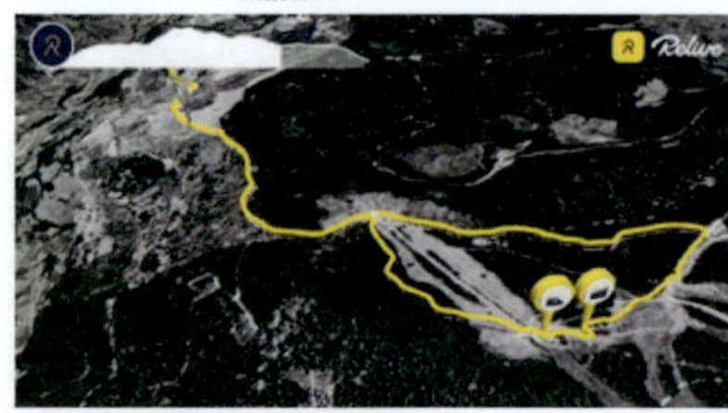

GERARDMER
Tête du Grouvelin

| 6km | 1h40 | 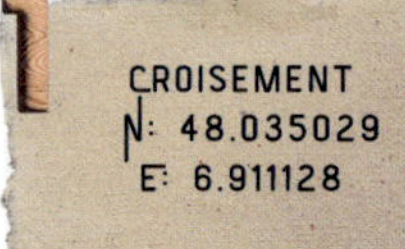 | | | |

1
CROISEMENT
N: 48.035029
E: 6.911128

VALLÉE DE CHAJOUX

2
CROISEMENT
N: 48.040016
E: 6.916008

3
AUBERGE DU GROUVELIN

4
TÊTE DU GROUVELIN
ALT: 1 124M

5
CROISEMENT AVEC LA ROUTE DES 17KM
N: 48.048980
E: 6.908114

 Coordonnées point de départ: N: 48.030997° E: 6.907876°

 Altitude au départ : 990m
Alt min: 990m / Alt max : 1 124m

Suivre "Auberge des Jonquilles" entre La Bresse et le col de Grosse Pierre. Le parking est en face de l'auberge. Le départ de ce circuit débute 100 après l'auberge.
Pendant la saison de ski le sentier se partage avec les skieur, plusieurs pistes sont à traverser.

Quittez la route goudronnée et prenez le sentier à gauche et montez jusqu'à l'orée du bois.

1 Au croisement, prenez le chemin à droite. En saison hivernale, ce chemin est aussi une piste de ski de fond, veillez à rester sur le coté.

2 Au carrefour de plusieurs sentiers, prenez celui de gauche, vers l'auberge du Grouvelin.

3 Avant l'auberge, remontez la piste bleue sur le coté droit "la fourmi". Cette piste remonte en parallèle des téléskis.

4 Au dessus des pistes, vous êtes arrivés à la tête du Grouvelin. Vous pouvez montez jusqu'à la table d'orientation et admirer la vue à 360°.

⚠️ La montée au point de vue est très rocailleuse, attention aux chevilles!

Redescendez sous le télésiège et prenez la piste du hibou qui descend vers la remontée fil-neige. Vous êtes à la Chaume Francis. Remontez le long du fil et emprunter la piste de l'écureuil sur 350m.

5 Arrivez à une pate d'oie et prenez le sentier de gauche, il vous reconduira jusqu'à l'auberge du Grouvelin.

Arrivée à l'auberge, vous pouvez reprendre le sentier en face de vous qui redescend au parking... où alors c'est reparti pour un tour!!

Une Plante:
JONQUILLES

ESPÈCE EMBLÉMATIQUE DES HAUTES-VOSGES

ELLES POUSSENT EN MARS ET FLEURISSENT EN AVRIL

ELLES SONT FÊTÉES À GERARDMER TOUS LES 2 ANS AU MOIS D'AVRIL DEPUIS 1935 DES CHARS PIQUÉS DE JONQUILLES DÉFILENT DANS LES RUES DE LA VILLE

Une Recette:

INGREDIENTS:
450g Truite
2 Blancs d'oeufs
2 tranches Pain de mie
40cl Crème liquide
1 Oignons
1 Citron jaune bio
ciboulette, Sel, Poivre

TERRINE DE TRUITE

PRÉPARATION:
Otez les bordures de vos tranches de pain puis coupez la mie grossièrement. Dans un bol, mélangez la mie avec la crème liquide. Entreposez au réfrigérateur.
Emincez les oignons.
Coupez la chair de truite en gros cubes.
Mixez vos gros cubes de truite avec les blancs d'œufs, le pain de mie avec la crème, du sel et du poivre.
Dans un saladier, mélangez cette préparation avec les oignons, le zeste de citron et la ciboulette.
Versez votre mélange dans le moule à cake chemisé et enfournez à 140°/150° au bain marie pendant 45 minutes.
Vérifiez la cuisson en piquant le centre de votre terrine avec la pointe d'un couteau.
Laissez refroidir avant de démouler. Conservez au réfrigérateur avant de servir.

À faire

PARC ACRO-SPHÈRE

LA CONFISERIE GÉROMOISE : BONBONS DES VOSGES BIO

LAC DE GERARDMER

STATION DE SKI LA MAUSELAINE

TOUR ET CASCADE DE MÉRELLE

À voir

LE LISPACH,
Tour de la tourbière

1,8km
0h20
LE LISPACH
Tour du lac
Collet de la Mine
Sentier de découverte
Anc. mine
959
Lac de Lispach
910
Fach
Plle
Plle
916
909
Chemin Ehlinger
découverte
ourbe
1
CROISEMENT
CHALET
LE LISPACH
2
BIFURCATION
VERS
LES ANCIENNES MINES
PASSERELLE
EN
BOIS
PONTON EN BOIS
VUE SUR LA
STATION
DU LISPACH
3
RETOUR
PARKING

 Coordonnées point de départ: N: 48.050593° E: 6.940986°

Altitude au départ : 917m
Alt min: 917m / Alt max : 921m

Le parcours fait le tour du lac du Lispach.
Vous avez la possibilité de bifurquer au point **2** pour un petit détour vers le site des anciennes mines et si vous montez 800m plus haut, vous pourrez admirer le lac de Longemer depuis la roche des Vieux Chevaux.

Le point de départ se situe sur le parking du lac du Lispach, situé avant le lac en arrivant de La Bresse.
Vous débuterez ce parcours sur un ponton en bois qui longe la route qui sépare le lac de la station de ski alpin.

1 Arrivée au chalet de Lispach où il est possible de s'abriter, une table de pique-nique est à disposition ainsi que des toilettes. 
Prenez le chemin à droite avant le chalet.

2 Départ du sentier qui monte au site des anciennes mines et à la roche des Vieux Chevaux.

3 Croisement de plusieurs sentiers, prenez celui de droite qui repart vers le parking.

Le site est assez humide, attention aux glissades sur les pontons en bois!

Une Plante:

CAMOMILLE ROMAINE

Actions:
Sédative, Anti inflammatoire, Anti-spasmodique, Anti nevralgique

Soigne:
Problèmes ophtalmiques, Eczema, Prurit, Dyspepsie, Insomnie

Utilisation:
Huile essentielle, Tisane, Décoction, Hydrolat

Une Recette:

INGRÉDIENTS:
400g Mirabelles dénoyautées (ou pas...)
3 Oeufs — 125g Farine
60g Sucre — 30g Beurre
125g Farine — 30cl Lait

PRÉPARATION

Dans un saladier, battez les oeufs. Ajoutez la farine. Mélangez avec le fouet.
Ajoutez le beurre fondu et le sucre. Mélangez de nouveau avec le fouet. Ajoutez le lait.
Préchauffez votre four à 180°C. Beurrez un plat et déposez-y les mirabelles.
Versez l'appareil à clafoutis sur les mirabelles. Enfournez et laissez cuire 40 minutes.
Vérifiez la cuisson avec une lame de couteau et servez tiède ou froid.

A faire

LISPACH DOMAINE ALPIN ET NORDIQUE

WIIDOO'GLISS

AUBERGE DES HAUTS VIAUX

LAC DE LA TÉNINE

A voir

13

LE VALTIN,

Tour du Grand Valtin

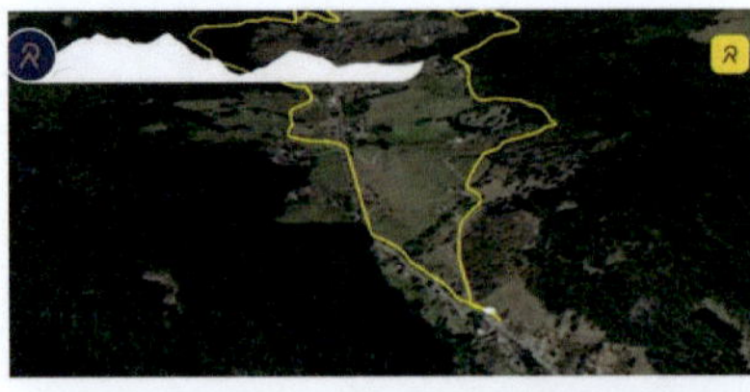

LE VALTIN
Tour du Grand Valtin (TGV)

| 6.8km | 1h50 | | | | |

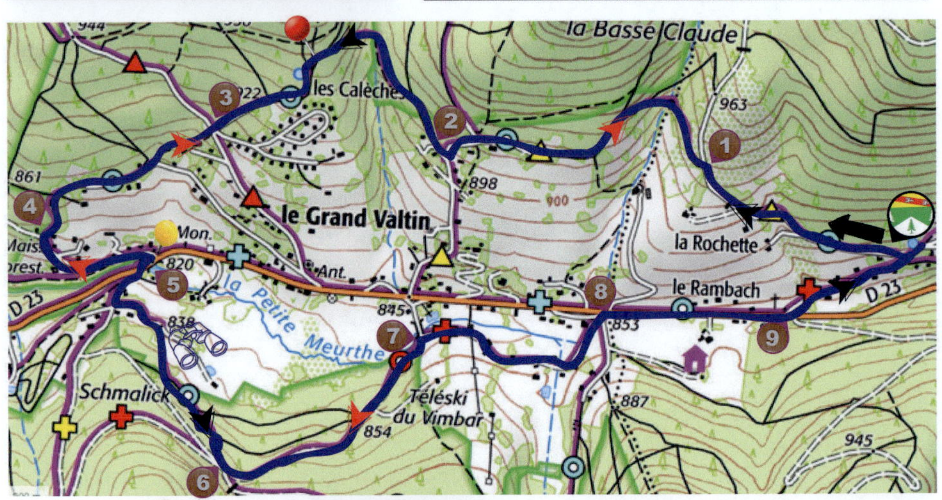

1
CROISEMENT
N: 48.098935
E: 7.004896

2
CROISEMENT
ROUTE DE
SERICHAMPS

3
CROISEMENT
LOTISSEMENT
"LES CALÈCHES"

4
CROISEMENT
N: 48.097246
E: 6.980114

5
CROISEMENT
AVEC LA ROUTE
PRINCIPALE

6
CROISEMENT
N: 48.091503
E: 6.986767

7
CROISEMENT
VERS TÉLÉSKI

8
CROISEMENT
AVEC LA ROUTE
PRINCIPALE

9
CROISEMENT
AVEC LA ROUTE
PRINCIPALE

 Coordonnées point de départ: N: 48.051899° E: 7.014592°

 Altitude au départ : 1 227m
Alt min: 1 214m / Alt max : 1 272m

Le parcours suit le balisage Rond Bleu ○ puis Rond Rouge ○ et Croix Rouge ✚.

Le point de départ se situe sur le parking le long de la route "haut du village". Redescendez de quelques mètres la rue pour reprendre et remontez sur votre droite "le rambac" ○ jusqu'aux dernières maison.

1 Quelques mètres après la barrière, prenez le sentier ○ à gauche, vous entrez dans un parc à chèvres. Continuez sur ce sentier jusqu'aux prochaines maisons chemin de Serichamps.

2 Le sentier croise une route goudronnée, prenez cette rue à gauche puis quelques mètres plus loin, prenez le sentier ○ à droite. Vous allez traversez la forêt et un ruisseau.

3 A la sortie de la forêt, le sentier longe le lotissement "les calèches" le long de l'orée du bois, et traverse la route goudronnée qui mène au lotissement.

4 Le sentier quitte la forêt, prenez la route goudronnée qui redescend à la route départementale.

5 Traversez la route et prenez la rue d'en face un peu plus bas sur votre droite. La rue monte assez fort, prenez la première rue à gauche direction "Chalet à tout vent ". Suivez le sentier ○ qui entre dans la forêt.
Vue sur le Grand valtin depuis le chalet.

6 Au croisement avec 4 autres sentiers, prenez celui de gauche.

7 A la sortie du bois, prendre la première rue à droite en direction du téléski.

8
Continuez jusqu'à la route principale et la reprendre par la droite.

9 Remontez la première rue à gauche jusqu'au parking.

Une Plante:

PISSENLIT

ACTIONS:
DIURÉTIQUE, DÉPURATIVE,
DRAINANTE, CHOLÉRÉTIQUE

SOIGNE:
MALADIE HÉPATIQUE, INFECTIONS
URINAIRES, SURPOIDS,
AFFECTIONS DE LA PEAU

UTILISATION:
EXTRAIT LIQUIDE, EXTRAIT SEC,
EN SALADE

INGRÉDIENTS:
3 bouquets de
Pissenlit
200g Lardons fumés
8 Pomme de terre
2 tranches de Pain
2 Œufs
Échalote/Ail
Vinaigrette
Sel, poivre

SALADE DE PISSENLIT

PRÉPARATION:

Mettez les pommes de terre à cuire
dans une casserole contenant de l'eau
salée pendant 20 min.
Pendant ce temps, retirez la base des
pissenlits avant de les laver puis
égouttez-les et découpez-les en
morceaux. Réservez dans un saladier.
Lavez et émincez les échalotes et
placez-les dans le saladier.
Quand les pommes de terre sont cuites,
égouttées et refroidies, épluchez-les et
coupez-les en lamelles. Placez-les dans
le saladier avec le reste des
ingrédients.

À faire

AUBERGE DU
GRAND VALTIN

AUBERGE LORRAINE

LES HERBES DU
VALTIN

À voir

14

LAC DES TRUITES,
Ou Lac du Forlet

LAC DES TRUITES
(*Lac du Forlet*)

| 7km | 2h20 | 👢 | ❌🎿 | 🔄 | ❌🛒 |

1 VERS CHALET ERICHSON

2 CROISEMENT
N: 48.094134
E: 7.070670

3 LAC DU FORLET
OU
LAC DES TRUITES

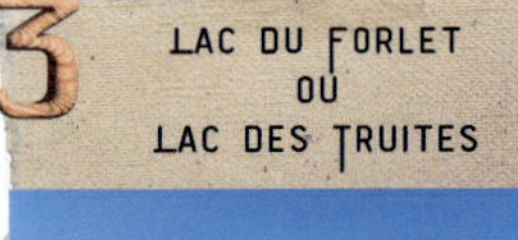

4 CROISEMENT
N: 48.104317
E: 7.076705

5 CROISEMENT
N: 48.108067
E: 7.081591

6 GAZON
DU
FAING

Coordonnées point de départ: N: 48.092814° E: 7.060537°

Altitude au départ : 1 227m
Alt min: 1 075m / Alt max : 1 303m

Le parcours suit le balisage Rond rouge ●, Triangle rouge ▲ et le Gr5 ▬ .

Le parking n'est pas accessible en hiver car la Route des Crêtes est fermée à la circulation de novembre à avril.

L'arrivée au lac est très rocailleuse, attention aux chevilles!

Le point de départ se situe sur le parking des lacs entre La Schlucht et le Lac Blanc. Prenez le sentier ●, direction "lac Forlet". 130m après le départ, restez sur le chemin qui part à gauche.

1 Au croisement, prenez le chemin à gauche, direction Chalet Erichson.

2 Au niveau de la maison aux volets bleus, prenez le sentier qui descend tout droit. A partir de là, le sentier sera rocheux.

3 Arrivée au lac des truites (Forlet) faites le tour par la gauche. Au bout du lac, vous pourrez vous reposer face au lac sur des bancs.
Vue du lac depuis la digue.

4 Après être passé devant l'auberge, remontez le sentier ▲ qui remonte sur la gauche... et ça monte!

5 Arrivée sur la crête, au croisement de plusieurs sentiers, prenez à gauche, direction Gazon du Faing.

6 Au Gazon du Faing, prenez à gauche le sentier du Gr5 ▬ . Vous le suivrez jusqu'au parking. En chemin, vous pourrez admirer la vue: la plaine d'alsace à gauche et les Vosges à droite.
Table d'orientation et sur sur le lac.

Une Plante:

<u>DIGITALE</u>

LA FLORAISON EST BIANNUELLE
SES GRANDES HAMPES
FLORALES ATTEIGNENT
JUSQU'À 2M DE HAUT
MAIS ATTENTION!
LA PLANTE EST TOXIQUE
DANS TOUTES SES PARTIES AU
MAXIMUM DANS SES FEUILLES.

Une Recette:

QUICHE LORRAINE

INGRÉDIENTS

Pour 6 personnes :
moule à tarte de
24 à 26 cm de diamètre
1 pâte brisée
200 g de lardons (fumés ou non) en petits dés
4 œufs
20 cl de crème fraîche
20 cl de lait
1 pincée de poivre
1 pincée de noix de muscade

PRÉPARATION

Préchauffez le four à 180°C.
Pendant ce temps, garnissez un moule avec la pâte à tarte puis piquez-la à l'aide d'une fourchette.
Dans une poêle faites dorer les lardons. Mélangez dans un saladier les œufs, la crème, le lait. Puis, ajoutez le poivre, une pincée de muscade. Et enfin, rajoutez les lardons. Mélangez puis versez sur la pâte. Cuisez 45 à 50 minutes au four th 6 (180°C). Servez avec une petite salade verte.

À faire

FERME AUBERGE DU
LAC DE FORLET

AUBERGE DU LAC NOIR

LA FERME AUX RENNES

STATION DU LAC BLANC

STATION DE SKI DU
TANET

À voir

15

UN PETIT TOUR,
Aux 3 fours

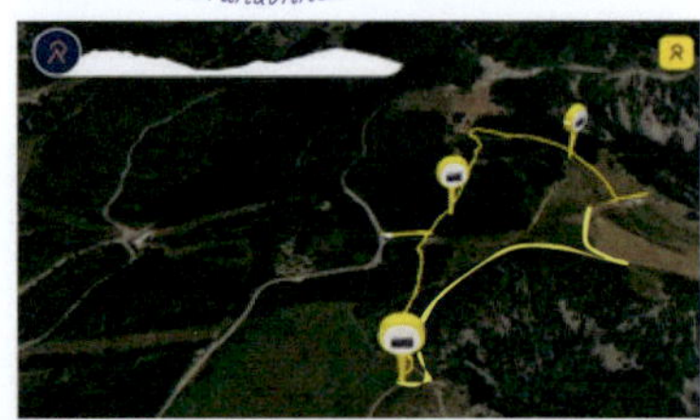

UN PETIT TOUR
Aux 3 Fours

3,5km	0h50				

1 Croisement
N: 48.051853
E: 7.016137

2 Sommet du
télésiège de la Schlucht

N: 48.056856
E: 7.019090

3 Croisement avec Gr5
N: 48.055571
E: 7.022317

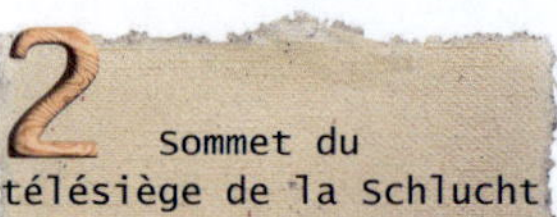

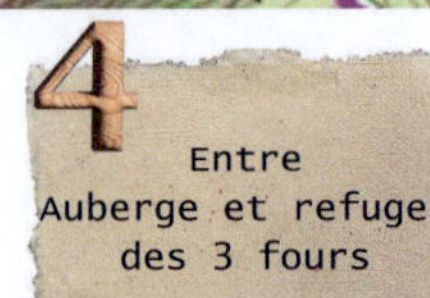

4 Entre
Auberge et refuge
des 3 fours

5 Ferme des
3 fours

6 Croisement
N: 48.049627
E: 7.023656

7 Rochers de
la Martinswand

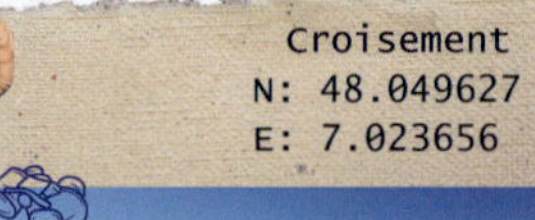

 Coordonnées point de départ: N: 48.051899° E: 7.014592°

 Altitude au départ : 1 227m
Alt min: 1 214m / Alt max : 1 272m

Le parcours longe les pistes de ski de fond, restez bien sur le sentier pendant la saison hivernale.

Le point de départ se situe sur le parking le long de la route des crêtes. Traversez la route et prenez la route des 3 Fours.

1 100m après le départ, prenez le sentier à gauche.

2 Au dessus du sentier vous apercevrez l'arrivée du télésiège de la station de La Schlucht (départ des pistes de luge d'été). Prenez le sentier à droite.

3 Au croisement avec le Gr5, descendez tout droit vers l'auberge.
Vue sur la chaume des 3 Fours

4 Vous passez entre le refuge (ouvert en hiver) et l'auberge. Prenez à droite sur la route goudronnée.

5 Face à la ferme, le sentier traverse le champ sur votre gauche.
Vue sur le versant alsacien.

6 Arrivée au point de vue, face à vous: Le Hohneck. prenez le sentier à droite. Il longe la forêt puis remontez à travers celle-ci en direction du Hohneck.

7 Arrivée aux rochers de la Martinswand (site d'escalade).
Vue sur la chaume des 3 Fours.

Faites demi tour et descendez le sentier du Gr5 ▬ jusqu'au croisement **1**.

Une Plante:

GENTIANE JAUNE

ACTIONS :
APÉRITIVES, DIGESTIVES,
CHOLÉRÉTIQUES, TONIQUES ET
FORTIFIANTES

SOIGNE :
MANQUE D'APPÉTIT, DIGESTION
DIFFICILE, REFLUX GASTRIQUE,
CONSTIPATION, FATIGUE

UTILISATION :
INFUSION, MACÉRATION, LIQUEUR

APÉRITIF À LA GENTIANE

INGRÉDIENTS :
1 cl Vin blanc
180g Sucre
25 cl Eau de vie
5g Racine de gentiane séchée

PRÉPARATION :
Lavez et brossez la racine, puis coupez-la en morceaux. Faites-les macérer avec l'eau-de-vie durant 48h.
Au bout de deux jours, ajoutez le vin et le sucre à cette eau-de-vie aromatisée. Filtrez et embouteillez.
Laissez reposer une semaine de plus avant de déguster.

A faire

REFUGE DES
TROIS FOURS

JARDIN DU
HAUT CHITELET

LUGE D'ÉTÉ COL DE LA
SCHLUCHT

SKI DE FOND
LES 3 FOURS

A voir

TOUR DU HOHNECK, & du Petit Hohneck

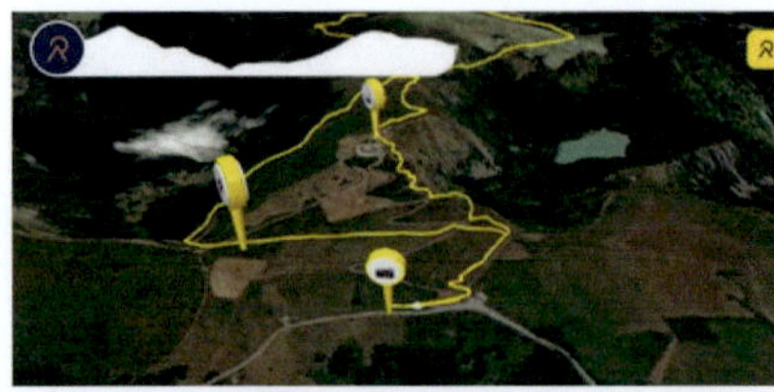

TOUR DU HOHNECK
& du Petit Hohneck

8,1km	2h25				

1 — Col de Wormspel

2 — Sommet du Hohneck

3 — Col de Shaeferthal

4 — Croisement
N: 48.037984
E: 7.040018

5 — Col de Shiessroth

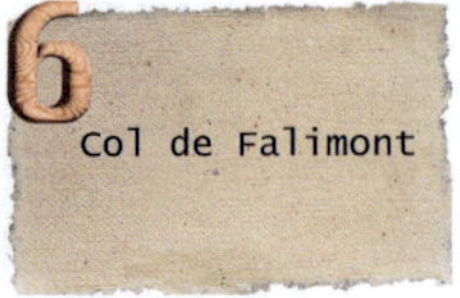

6 — Col de Falimont

Coordonnées point de départ: N: 48.034904° E: 7.007865°

Altitude au départ : 1 244m
Alt min: 1 109m / Alt max : 1 360m

Le parcours suit en partie le Gr5 ▬.

Certains passages sont escarpés, voir dangereux par temps humide.

Le point de départ se situe sur le parking au pied du Hohneck. Prenez la route goudronnée qui monte au sommet sur 50m puis prenez le sentier à droite.

1 Arrivée au col de Wormspel, montez au sommet du Hohneck par le sentier sur votre gauche.

2 Vous êtes au sommet

3 Au col de Shaeferthal, prenez le sentier ▲ à gauche (direction Shallern). Passage dangereux par temps humide (Descente entre des roches)

4 Au croisement, prendre la direction Shallern et passez derrière l'auberge.

5 Au col de Shiessroth, prenez le sentier à droite qui remonte au col de Shaeferthal.

6 Arrivée au col, prenez le sentier qui remonte le massif du Hohneck par la droite.

7 Au col de Falimont, plusieurs sentiers vous emmèneront sur le parking du point de départ.

Une Recette:

Une Plante:

BOUTON D'OR

SON AUTRE NOM: LA RENONCULE

NOUS AVONS TOUS FAIT CE JEU ENFANTIN : METTRE UN BOUTON D'OR SOUS LE MENTON D'UN CAMARADE, ET REGARDER S'IL AIME LE BEURRE GRÂCE AU REFLET JAUNE DE LA FLEUR !

UTILISATION:
HOMÉOPATHIE. TOUTEFOIS, À CAUSE DE SA TOXICITÉ, LA PRESCRIPTION EST UNIQUEMENT RÉSERVÉE AU CORPS MÉDICAL

CHÈVRE TOASTÉ

INGRÉDIENTS:
8 tranches de pain
4 Fromage(s) de chèvre
Ail
Herbes de provence
1 c à s Huile d'olive
Sel

PRÉPARATION:
Préchauffez le four à 210°C (th.7). Coupez des tranches de baguette de la veille. Épluchez les gousses d'ail et frottez-les sur les bouts de pain. Coupez ensuite le chèvre en tranches et déposez une tranche sur chaque rondelle de baguette. Saupoudrez les herbes de Provence sur le fromage, 1 pincée de sel fin, 1 filet d'huile d'olive et enfournez pendant 10 min.

À faire

HÔTEL-RESTAURANT
"LE SCHALLERN"

STATION DE SKI
GASCHNEY 360°

MONUMENT DES
CHASSEURS ALPINS

À voir

TOUR DU HOHNECK,
Par le lac Shiessrothried

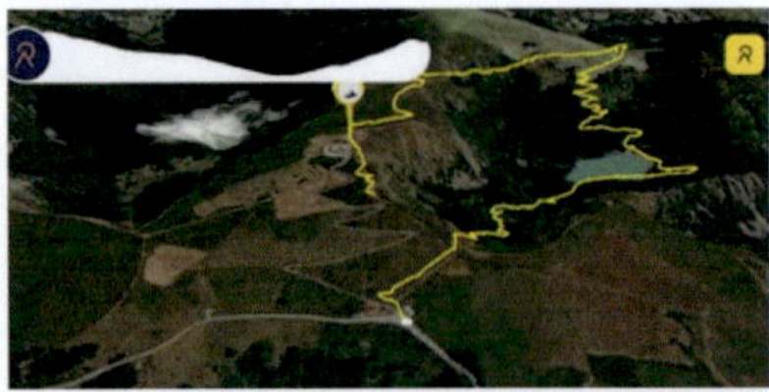

LE TOUR DU HOHNECK
Par le lac shiessrothried

7,4km	2h45				

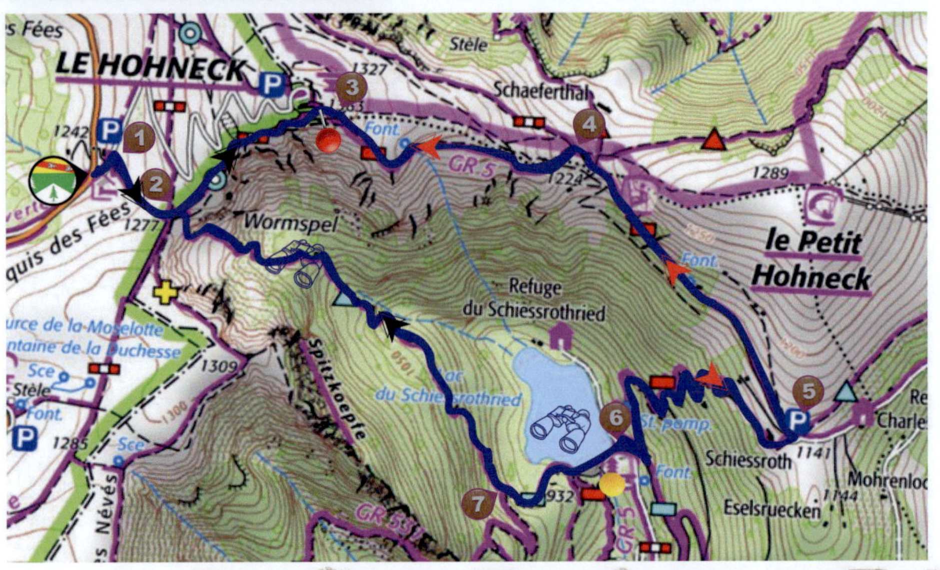

1
CROISEMENT
N: 48.036221
E: 7.008608

2 — COL DU WORMSPEL

3 — SOMMET DU HOHNECK

4
COL DE SCHAEFERTHAL

7
CROISEMENT
N: 48.120391
E: 6.755053

5
COL DE SCHIESSROTH

6

LAC DU SCHIESSROTHRIED

 Coordonnées point de départ: N: 48.034904° E: 7.007865°

Altitude au départ : 1244m
Alt min: 930m / Alt max : 1360m

Le parcours suit en partie le Gr5 ▬.

⚠ La première partie du parcours longe les escarpements rocheux du Hohneck. Sentier très rocailleux.

Le point de départ se situe sur le parking au pied du Hohneck. Prenez la route goudronnée qui monte au sommet.

1 60m après le départ, prenez le sentier à droite, direction Col du Wormspel

2 Au niveau du Col, prenez le sentier à gauche vers le sommet du Hohneck.

3 Vous êtes au sommet du Hohneck, à 1360m d'altitude. Le sentier redescend à droite de la table d'orientation.

⚠ Les abords du sentier son vertigineux!

4 Au col de Shafferthal, entre le Hohneck et le petit Hohneck, prenez le sentier qui descend sur votre droite.

⚠ Cette partie du sentier est très rocailleuse, attention aux chevilles!

5 Au col de Shiessroth, passez derrière l'auberge, le sentier descendant jusqu'au lac.

6 Arrivée au lac, longez la digue puis prenez le sentier △ par la droite. Ce sentier remonte jusqu'au Col du Wormspel.

Si vous ne faites pas de bruit vous pourrez admirer des chamois!

2 Arrivée au col, vous pouvez reprendre le sentier qui redescend au parking... où refaire un tour!!

Une Plante:

BOURRACHE

ACTIONS:
ANTIOXYDANTE, ANTI INFLAMMATOIRE,

SOIGNE:
DERMATITES ATOPIQUES,
DOULEURS DE POLYARTHRITE
RHUMATOÏDE

UTILISATION:
HUILE, INFUSION, CUISINE

5 belles feuilles de bourraches
50 mL d'Huile d'olive
250 mL d'eau
125 gr farine
4 oeufs
100 gr fromage râpé
sel et poivre

GOUGÈRES À LA BOURRAGE

Lavez les feuilles de bourrache, hachez-les et faites-les cuire à l'étouffée pendant quelques minutes. Égouttez-les en les pressant un peu entre vos mains, puis coupez-les en morceaux. Réservez. Préchauffez le four à 180 °C.Dans une casserole, faites chauffer l'eau avec l'huile d'olive. Salez et poivrez. Versez d'un seul coup la farine et mélangez énergiquement avec une cuillère en bois jusqu'à ce que la pâte soit épaisse et se décolle des parois.Coupez alors le feu et incorporez les oeufs un par un à la cuillère. Attendez que l'oeuf précédent soit bien incorporé avant d'ajouter le suivant. Ajoutez ensuite le fromage râpé et les feuilles de bourrache. Mélangez. Huilez une plaque allant au four et à l'aide de 2 cuillères à soupe, déposez de petits tas de pâte en laissant un espace entre eux. Enfournez pour 25 minutes environ. Sortez les gougères dès qu'elles sont légèrement dorées.

A faire

HOTEL RESTAURANT
DU SOMMET DU HOHNECK

AUBERGE DU PIED
DU HOHNECK

FERME AUBERGE DU
SCHIESSROTH

A voir

... CARNET de randonnées ...

17

ROUTE DES CRETES, Rotenbachkopf et Batteriekopf

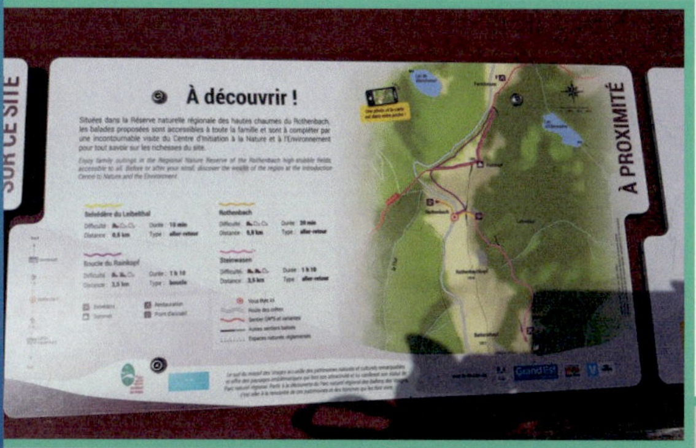

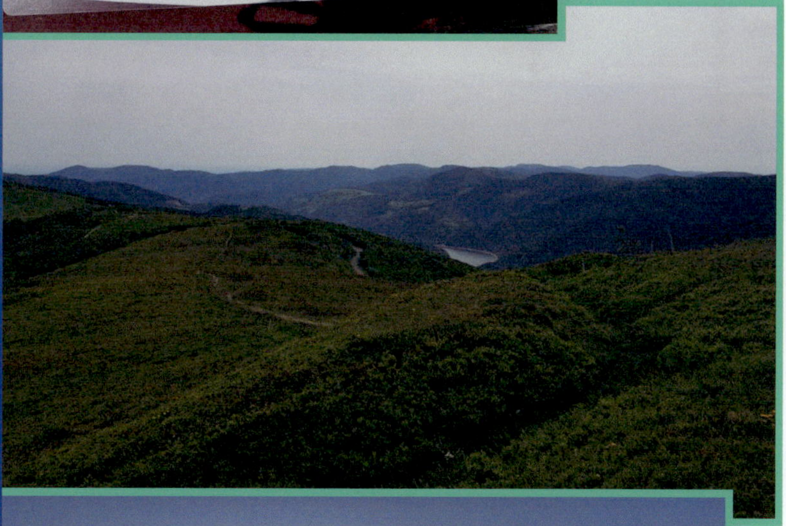

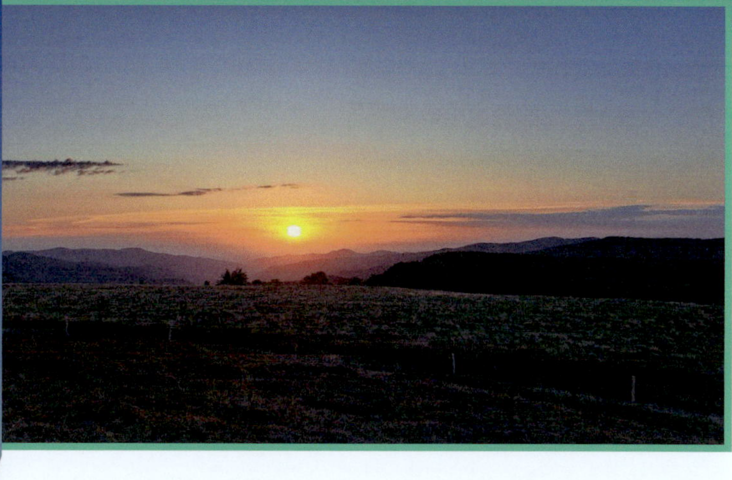

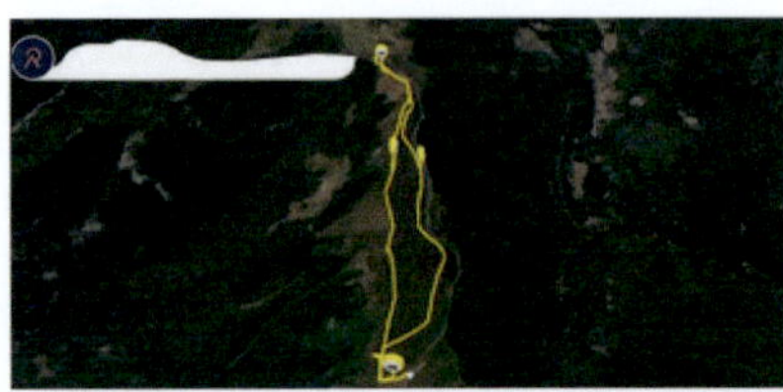

ROUTE DES CRETES
Du Rothenbachkopf à Batteriekopf

6km	1h45			

1

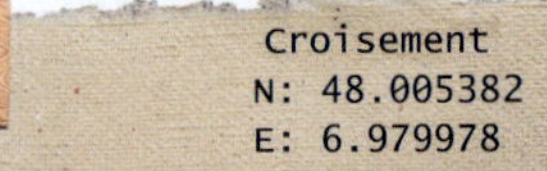

Croisement
N: 48.005382
E: 6.979978

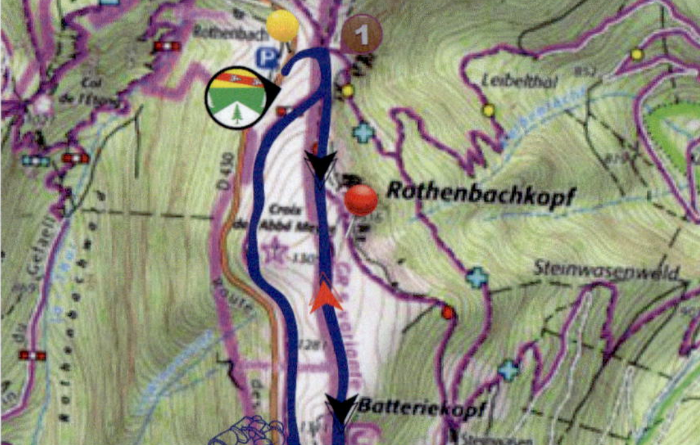

2

Refuge

3

Croisement
N: 47.987244
E: 6.979979

Col du Neurod

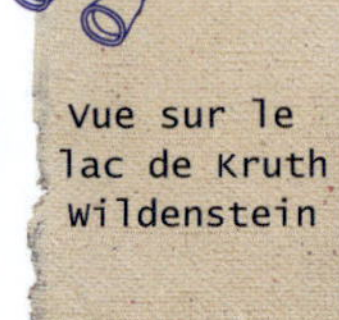

Vue sur le
lac de Kruth
Wildenstein

 Coordonnées point de départ: N: 48.004716° E: 6.978176°

 Altitude au départ : 1 193m
Alt min: 1 193m / Alt max : 1 316m

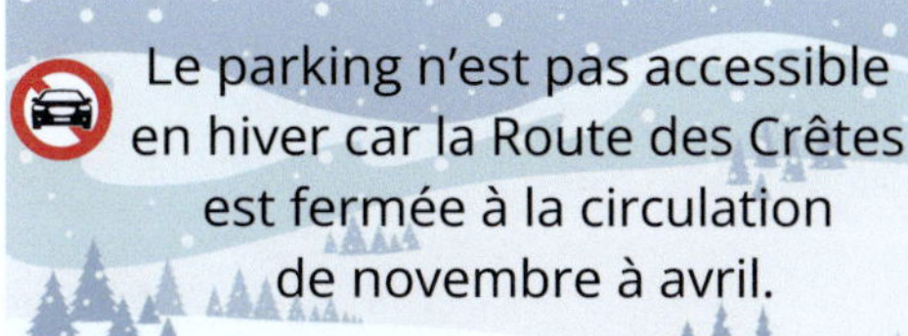

Le parcours suit en partie la variante du Gr5 ▮▮.

 Le sentier est très rocailleux... attention aux chevilles!!

🏕 Le point de départ se situe sur le parking du Rothenbach. Traversez la route et prenez le sentier face au parking.

1 Après 100m, vous croisez le sentier ▮▮ qui est une variante du Gr5. Prenez le par la droite et gravissez un premier sommet: le Rothenbachkopf qui culmine à 1 316m.
Le sentier redescend à 1280m puis un deuxième sommet en vue: le Batteriekopf, altitude 1 311m.

 Col du Neurod: vue sur la plaine alsacienne et Colmar.

2 Continuez jusqu'au refuge du col du Neurod, mais vous pouvez tout à fait continuer, ce parcours est un sentier aller-retour.

3 Au retour, vous pouvez bifurquer avant la montée du Batteriekopf pour un sentier qui évite les 2 sommets.

 Vue sur la vallée de Wildenstein et son lac.

Une Recette:

Une Plante:

ARNICA

ACTIONS:
ANTI-DOULEURS, ANTI-
INFLAMMATOIRES, CICATRISANTE

SOIGNE:
HÉMATOMES, INFLAMMATIONS,
FOULURES, DOULEURS POST-
TRAUMATIQUES

UTILISATION:
EN HOMÉOPATHIE (GRANULES),
EN POMMADE

INGRÉDIENTS
4 personnes
Pommes de terre : 1 kg
Oignons : 2
Lard en fines
tranches: 200 g
Lardons en dés fins
Beurre : 125 g
Riesling: 25 cl
Sel, poivre

POMMES DE TERRE MARCAIRE

PRÉPARATION

Tapisser le fond de votre cocotte en fonte de tranches de lard, bien couvrir
Râper les pommes de terre en tranches très fines,
mettre une première couche dans la cocotte. Saler.
Couvrir avec une couche d'oignons émincés, ajouter des morceaux de beurre.
Parsemer de lardons, puis recommencer l'opération jusqu'à ce que vous ayez tout utilisé.
Terminer le plat par une couche de tranches de lard,
couvrir entièrement les pommes de terre.
Verser le vin blanc, fermer la cocotte et enfourner à 180° pendant 2 h minimum.
Servir avec une salade verte.

A faire

MAISON DE LA NATURE
DU ROTHENBACH

AUBERGE DU STEINWASEN

AUBERGE DE LA CHAUME
DU FIRSTMISS

AUBERGE DU KASTELBERG

A voir

18

ROUTE DES CRETES,
Du Markstein au Grand Ballon

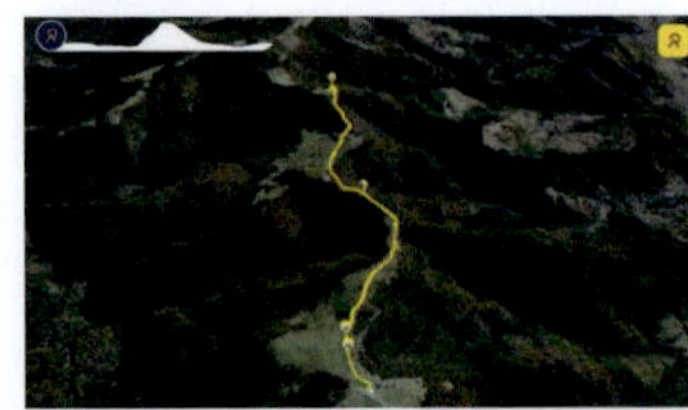

ROUTE DES CRETES
Du Markstein au Grand Ballon

9,5km	2h30				

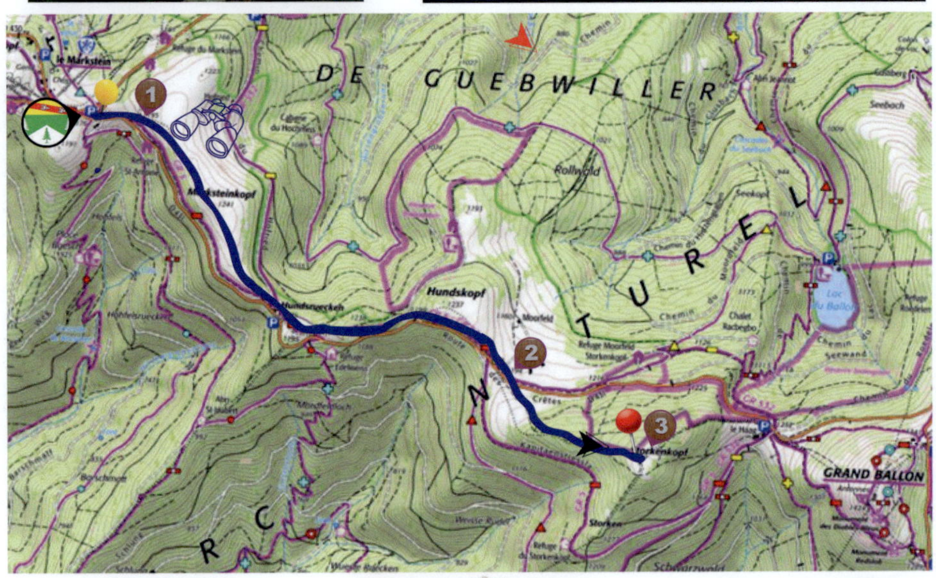

① CROISEMENT
N: 47.922769, E: 7.034355

② CROISEMENT
N: 47.908418
E: 7.067848

③ SOMMET DU STORKENKOPF AU PIED DU GRAND BALLON

...DESCRIPTIF...

 Coordonnées point de départ: N: 48.034904° E: 7.007865°

 Altitude au départ : 1 178m
Alt min: 1 178m / Alt max : 1 344m

> La station du Markstein n'est pas accessible en hiver <u>par la Route des Crêtes</u> qui est fermée à la circulation de novembre à avril.

Le parcours suit le Gr5 ▬ .
C'est un sentier aller-retour, vous pouvez donc rebrousser chemin ou continuez plus long selon vos envies (et celle de vos jambes...).

Le point de départ se situe sur le parking du Markstein, à la croisée de la route des Crêtes et des routes de Linthal, de Kruth et du Grand Ballon.

1 Le sentier ▬ reprend sur le flanc gauche de la route du Grand Ballon.

2 Après un passage boisé, le sentier ▬ rejoint la route qui mène au Grand ballon. Après l'avoir longé sur 50m, traversez-là. Vous avez quittez le Gr5. Longez à nouveau la route puis le sentier monte à travers un champ.

3 Arrivée au sommet Storkenkopf avec vue sur le grand ballon.

Une Plante:

SORBIER DES OISELEURS

L'ARBRE DÉPASSE RAREMENT 7 MÈTRES. IL POUSSE DANS LES LANDES ET LES LIEUX ROCHEUX, SOUVENT EN ALTITUDE. FLORAISON EN MAI-JUIN, FRUITS À MATURITÉ À LA FIN DE L'ÉTÉ. ET PERSISTENT LONGTEMPS SUR L'ARBRE EN HIVER, CE QUI LUI DONNE UN INTÉRÊT DÉCORATIF INDÉNIABLE. ET SURTOUT CONSTITUENT UNE RÉSERVE DE NOURRITURE POUR LES OISEAUX. IL PEUT VIVRE 120 ANS.

FLAMMEKUECH

INGRÉDIENTS

pour la pâte :
500 g de farine
10 cl d'huile
1 pincée de sel
environ 30 cl d'eau tiède
pour la garniture :
4 gros oignons
40 cl de crème fraîche épaisse
250 g de fromage blanc
2 c à s d'huile
sel/poivre
500 gr de lard fumé coupé en fins lardons
gruyère râpé

PRÉPARATION:

La pâte : mélanger dans un bol la farine avec le sel et l'huile. Incorporer l'eau tiède pour que la pâte soit comme celle d'une pizza. Bien pétrir. Laisser reposer 20 mn.
La garniture: mélanger le fromage blanc avec la crème, le sel, le poivre et l'huile . Couper les oignons en lamelles très fines
Séparer la pâte en trois pâtons. Fariner légèrement la table de travail et étaler un pâton de pâte très finement (2 à 3 mm max).
Mettre un papier cuisson au fond d'un moule à pizza et mettre la pâte.
Répartir la préparation au fromage sur la pâte. Parsemer d'oignons en rondelles et ajouter les lardons fumés. Poivrer. Répartir un peu de gruyère râpé sur l'ensemble et enfourner à 250°C (four très chaud) pendant environ 10 mn.

A faire

LE MARKSTEIN
STATION DE SKI

LUGE SUR RAIL

LE GRAND BALLON

MAISON DE L'ABEILLE
ET DU PAIN D'ÉPICES

A voir

19

LA BRESSE,

Le lac des Corbeaux

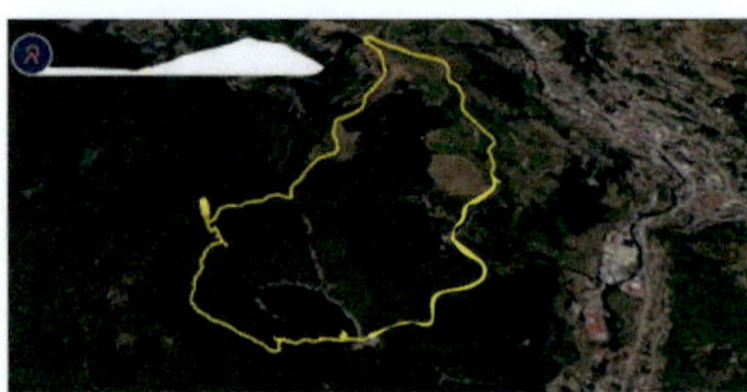

ENTRE LE LAC DES CORBEAUX
et le Col du Brabant

8,2km	2h30				

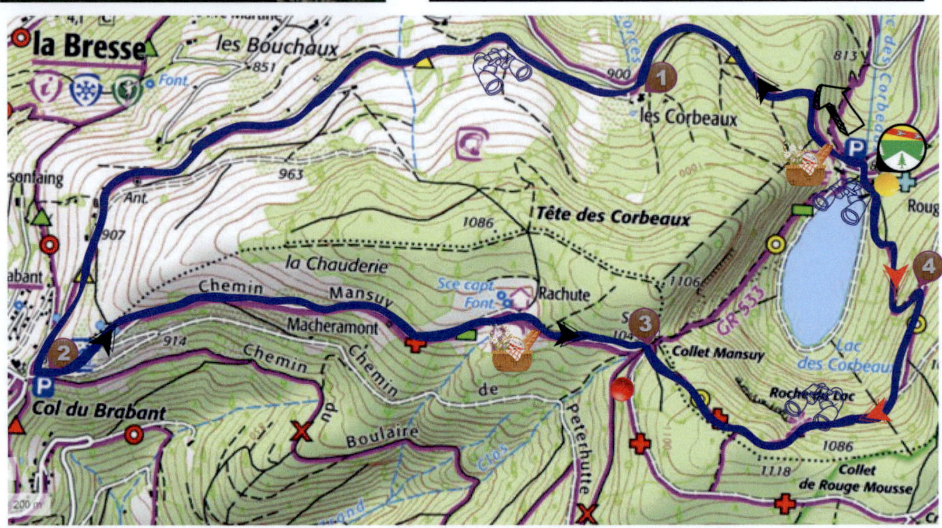

LAC DES CORBEAUX

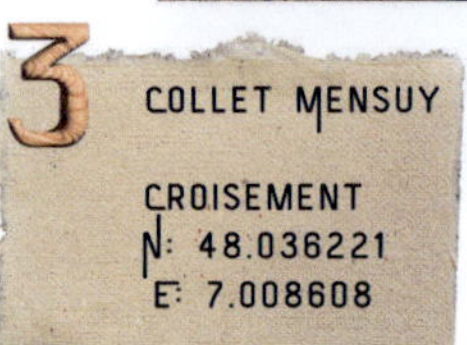

1 — CROISEMENT
N: 48.036221
E: 7.008608

2 — COL DU BRABANT

3 — COLLET MENSUY

CROISEMENT
N: 48.036221
E: 7.008608

LAC DES CORBEAUX DEPUIS LA ROCHE DU LAC

4 — CROISEMENT
N: 48.036221
E: 7.008608

 Coordonnées point de départ : N: 48.034904° E: 7.007865°

Altitude au départ : 1 244m
Alt min: 1 109m / Alt max : 1 360m

Ce parcours suit le balisage Triangle Jaune △ et Croix Rouge ✚.

⚠️ Le sentier est très escarpé et glissant au niveau de la Roche de Lac.

Le point de départ se situe sur le parking du lac des Corbeaux. En sortant du parking, prenez la route goudronnée à droite △ direction col du Brabant.

1 Au niveau du gîte de groupe, continuez sur la route △ de gauche.

🔭 Vue sur La Bresse

2 Arrivés au col du Brabant, vous prenez le chemin ✚ tout de suite à gauche, direction lac des Corbeaux puis le sentier qui monte tout droit. (Chemin Mensuy)

3 Au collet Mensuy, prenez le sentier ✚ à droite vers la Roche du Lac.

⚠️ Sentier glissant et dangereux après le point de vue.

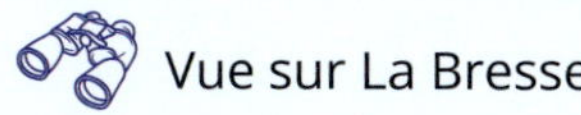 Possibilité d'éviter le sentier dangereux en redescendant au parking par le chemin qui part tout droit.

🔭 La Roche du Lac, belvédère avec vue sur le lac des Corbeaux.

4 Au croisement prenez le chemin gravillonné à gauche. Il vous ramènera jusqu'au lac.

Une Plante:

HYSOPE

ACTIONS:
EXPECTORANT, ANTI-INFLAMMATOIRE, ANTIOXYDANTE ANTISPASMODIQUE

SOIGNE:
TOUX ET L'ASTHME, TROUBLES DIGESTIFS, AFFECTIONS DE LA PEAU

UTILISATION:
TISANE, HUILE ESSENTIELLE

INGRÉDIENTS:

10 petits Pains:
500g Farine
20g levure de boulanger fraiche
Eau
sel
Garniture:
Lard
Gruyère rapé

PAIN AU LARD

PRÉPARATION:
Dans un saladier, dissoudre la levure avec un peu d'eau tiède.
Dans un autre saladier, mélanger la farine et le sel. Ajouter la levure délayée, le reste d'eau tiède et pétrir pendant 10 min. Couvrir d'un linge et laisser la pâte lever pendant 45 min. Ajouter le gruyère et les lardons. Bien malaxer à la main.
Façonner des petites boules de pâte, les disposer sur une plaque de four et laisser lever la pâte pendant 30 min. Dorer les boules au jaune d'œuf dilué dans un peu d'eau puis enfourner pendant 15 min à 200°C.

A faire

RESTAURANT LE CHALET DU LAC DES CORBEAUX

BOL D'AIR AVENTURE.

STATION DE SKI LA BRESSE-HOHNECK

A voir

20

LA BRESSE, *Col du Brabant*

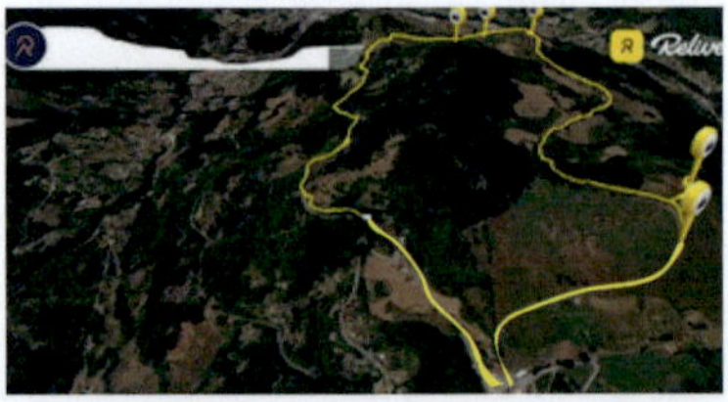

LA BRESSE
Col du Brabant

| 6,7km | 1h45 | 👢 | 🚫 | 🔄 | 🚫 |

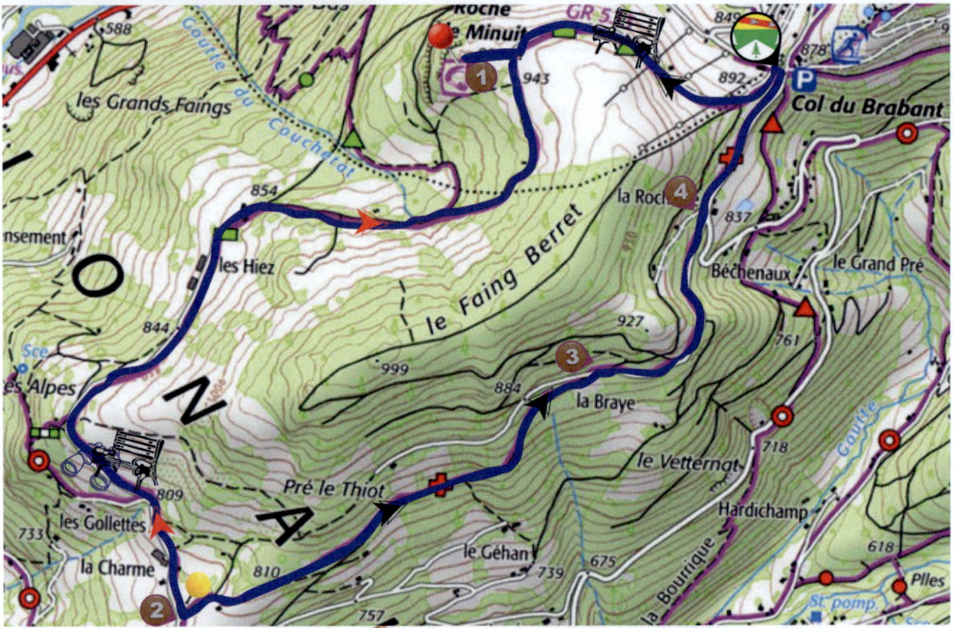

VUE SUR LA BRESSE

1 ROCHE DE MINUIT

2 CROISEMENT
N: 47.973347
E: 6.846821

3 CROISEMENT
N: 47.979757
E: 6.862770

4 CROISEMENT
N: 47.983666
E: 6.867247

📍 Coordonnées point de départ: N: 47.987800° E: 6.869188°

Altitude au départ : 873m
Alt min: 784m / Alt max : 943m

Le parcours suit en 1ère partie le balisage Rectangle Vert ▬ puis la seconde moitié suit le balisage Croix Rouge ✚.
La première montée traverse les pistes de ski de la station du Brabant.
Le site de la Roche de Minuit est un spot de parapentiste.

Le point de départ se situe sur le parking de la station du Brabant. Vous demarrez la balade en montant le chemin gravillonné qui monte à travers les pistes de ski alpin.

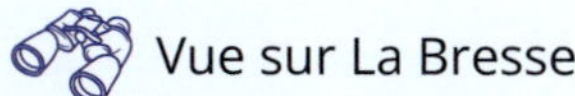 Vue sur La Bresse

1 Bifurcation pour un aller-retour vers la Roche de Minuit afin d'y admirer la vue sur la vallée.
Reprenez le sentier ▬ après 150m il entre dans un petit bois.
A la sortie du bois, le sentier devient une route goudronnée, suivez cette route.

 Vue sur Cornimont

2 Au croisement prenez la route à gauche puis à droite. La route goudronnée s'arrête et vous emprunter un petit sentier ✚ puis le chemin s'élargit en forêt.

3 Quittez le chemin forestier et prenez la route gravillonnée à droite.

4 Vous quittez les sentiers pour retrouver la route goudronnée qui monte à la station. Selon la période, il y a de la circulation mais l'arrivée est proche.

Une Plante:

<u>M</u>AUVES

ACTIONS:
ANTI-INFLAMMATOIRES ET
APAISANTES

SOIGNE:
TOUX, RHUMES, BRONCHITES
TRACHÉITES, ANGINES,
LARYNGITES, PHARYNGITES,
ÉTATS GRIPPAUX

UTILISATION:
INFUSION, DÉCOCTION

Une Recette:

INFUSIONS
AUX
BRISURES
DE
BONBONS

INGREDIENTS:
Eau chaude
Brisures de Bonbons

PRÉPARATION:
Mettre 1 à 2 cuillère à café
dans une tasse de 25cl, parfums
au choix: sapin, violette, fruits
rouges, citron,...

A faire

STATION DE SKI
DU BRABANT

LE BRABANT
BAR-HÔTEL-RESTAURANT

CHÈVRERIE DU BRABANT

POINT DE VUE
NOTRE DAME DE LA PAIX

A voir

RAPPORTEZ VOS DÉCHETS ET LAISSEZ AINSI LE LIEU TEL QUE VOUS L'AVEZ TROUVÉ
UTILISEZ LES SENTIERS BALISÉS ET NE COUPEZ PAS LES LACETS (AFIN D'ÉVITER L'ÉROSION INTENSIVE DES SOLS).
EVITEZ DE CUEILLIR LES FLEURS, ELLES SONT TOUJOURS PLUS JOLIES DANS LEUR ESPACE NATUREL
REFERMEZ LES BARRIÈRES DERRIÈRE VOUS AFIN DE NE PAS LAISSER ÉCHAPPER LES TROUPEAUX D'ANIMAUX

92